ÉTUDES

DE

POLITIQUE

RATIONNELLE

PAR

ANTOINE MOLLIÈRE

PARIS

FÉLIX GIRARD, LIBRAIRE ÉDITEUR

Rue Cassette, 30

LYON, MÊME MAISON, RUE SAINT-DOMINIQUE, 6

1871

ÉTUDES

DE

POLITIQUE RATIONNELLE

ÉTUDES

DE

POLITIQUE RATIONNELLE

PAR

ANTOINE MOLLIÈRE

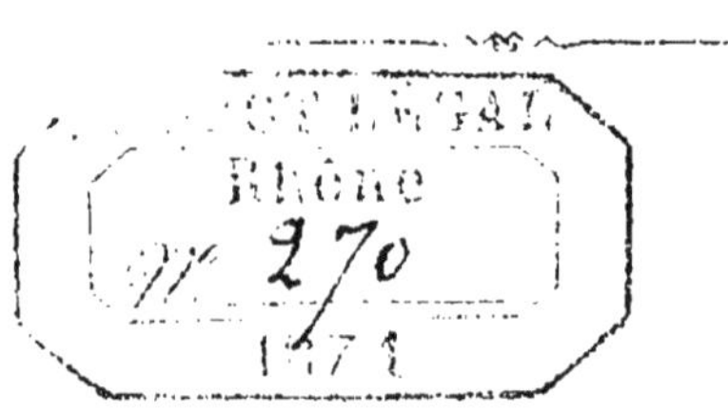

PARIS

FÉLIX GIRARD, LIBRAIRE ÉDITEUR
Rue Cassette, 30

LYON, MÊME MAISON, RUE SAINT-DOMINIQUE, 6

1871

Plusieurs personnes, au suffrage desquelles l'auteur attache le plus grand prix, lui ayant exprimé le désir de voir réunis en une brochure quelques articles qu'il avait publiés dans la presse quotidienne, il s'y est rendu docilement, et presque sans faire de changements à son texte primitif. En le donnant ainsi sous la forme même que ses premiers lecteurs ont agréée, il pense avoir une chance de plus d'obtenir la même bienveillance des seconds.

Néanmoins, comme la série de ces articles n'était pas terminée, l'auteur, en ajoutant les derniers dans cet opuscule, espère lui avoir donné par là un certain attrait de nouveauté, assurément fort utile pour une œuvre aussi sérieuse que celle qu'il offre au public.

Ces pages ont été rédigées en dehors de tout parti pris d'opinion et sans préoccupation aucune de popularité. L'auteur les adresse donc avec confiance à ces esprits sincères, qui s'efforcent de s'affranchir de tous les préjugés de naissance et de milieu, ou qui du moins savent respecter le patriotisme de ceux dont ils seraient disposés à contester les doctrines.

A. M.

2 août 1871.

ÉTUDES

DE

POLITIQUE RATIONNELLE

PREMIÈRE ÉTUDE.

A PROPOS DU SUFFRAGE UNIVERSEL ET DE LA LOI ÉLECTORALE A INTERVENIR.

La France, défaite, hélas! par l'autocratie impériale, par la guerre étrangère et par l'anarchie démagogique, est à refaire de fond en comble. Sans attributions respectées, sans foi politique commune, mais divisée, au contraire, par des partis qui tous prétendent exclusivement à l'honneur de la sauver, elle est arrivée à un de ces moments critiques où il s'agit pour une nation d'être ou de n'être pas, c'est-à-dire de se laisser aller mollement à la dissolution qui la gagne, ou de reprendre résolument l'édifice lézardé et croulant de sa sécurité et de sa grandeur.

Or, cette base incontestable, quoique déjà contestée par un parti aussi inconséquent dans ses doctrines que violent dans ses actes, cette base, disons-nous, c'est le suffrage national, sincèrement consulté et exprimé. Incapable de se faire lui-même à lui-même sa loi, absolument obligé de subir des chefs, le peuple est néanmoins souvent appelé, par la coutume ou par la force des choses, à reconnaître l'une et à désigner les autres.

En cela, certains estiment qu'il fait acte d'une souveraineté immanente. Je ne serais point embarrassé pour prouver que c'est bien plutôt acte d'impuissance essentielle. Mais là n'est pas la question; c'est une thèse trop haute pour le grand nombre, et trop grave pour n'être traitée qu'incidemment.

Il suffit, en ce moment, de reconnaître que le suffrage est, actuellement du moins, le seul roc solide auquel doit s'accrocher l'ancre du navire en péril, le seul terrain ferme sur lequel doit s'asseoir le fondement de l'édifice à reconstruire.

Mais, pour que le suffrage soit vraiment tel, pour qu'il recèle en lui le salut continu du pays, il faut assurément qu'il soit réel et sincère, c'est-à-dire qu'il repose lui-même sur le bon sens et l'intelligence populaires; il faut que le peuple ainsi consulté puisse distinguer lui-même l'intérêt général au travers des prétentions des partis, et se soustraire aux influences malsaines, pour ne se préoccuper que de l'ordre moral et de la paix matérielle, cette double et nécessaire condition d'être de toute vraie civilisation.

En est-il ainsi en France à cette heure? Nous osons dire que non; et nous allons tâcher de le prouver avec la calme raison d'un homme qui se place bien au dessus de tous les emportements des partis, pour ne rechercher que le meilleur point de départ d'une politique sérieuse, et ne se préoccuper que des intérêts permanents de la patrie.

Une situation exceptionnelle a produit d'abord des résultats de suffrage exceptionnels. Je le reconnais et j'en bénis la Providence, qui n'a pas voulu permettre que la grande nation française sombrât absolument dans le grand naufrage, dont nous sommes les témoins et les victimes.

Notre pauvre et cher pays, épouvanté par des revers de guerre sans précédents dans son histoire, révolté des iniques usurpations d'un parti qui ne voyait dans les malheurs publics qu'un prétexte à des dictatures insensées, aussi dégoûté de l'empire qui l'avait livré à l'étranger que de la république qui voulait le maintenir sous le despotisme brutal des incapables, notre pays, dis-je, se rua à ses comices avec un entrain remarquable et la volonté arrêtée de mettre un terme à tant de calamités et d'attentats ; et la France rassurée put reconnaître dans l'imposante majorité de ses élus l'expression assez heureuse de ses aspirations et de ses besoins. Serait-ce donc le moment de mettre la cognée au pied de l'arbre qui vient de porter de tels fruits ? A Dieu ne plaise. Nous ne voulons que l'émonder, que le débarrasser de ses végétations folles, de ses plantes parasites, de ses branches gourmandes, comme le ferait un bon jardinier, assez soucieux de l'avenir pour ne se laisser point prendre aux belles apparences du présent.

Nous estimons donc que le résultat du suffrage actuel ne saurait rassurer pleinement les amis de l'ordre véritable, et qu'en l'état, dans des circonstances ordinaires, ces résultats pourraient être même déplorables. La preuve, hélas ! n'en est pas loin de nous : deux grandes villes, dont l'une est la capitale même de la France, nous l'ont fournie avec luxe et ostentation ; et les dernières élections générales sont loin d'être dans l'esprit des premières.

A quoi attribuer ces variations et ces différences si bizarres ? Le suffrage électoral aurait-il ses intermittences et ses éclipses ? Il se pourrait. N'a-t-on pas vu Paris, l'intelligente cité, nous donner à trois mois de distance le spectacle de la plus étrange palinodie, et porter alternativement sur son pavois ses défenseurs éprouvés et l'état-major de ses émeutes ?

Mais, s'il en est ainsi, il est bien clair que le corps électoral est défectueux en quelques unes de ses parties ; et c'est le devoir du philosophe comme de l'homme d'Etat, de rechercher le défaut pour le faire disparaître sans retard.

Eh bien ! je n'hésite pas à le dire : le corps électoral a trop de fougue et pas assez de raison, trop d'entraînement et pas assez d'assise. Il a les défauts de la jeunesse sans ses avantages, les prétentions de l'âge mûr sans sa prudente lenteur, l'assurance despotique de la vieillesse sans les trésors de son expérience.

En d'autres termes, le corps électoral n'a ni assez d'intelligence pour comprendre les grandes questions de la politique, ni assez d'intérêt particulier pour vouloir l'associer à l'intérêt public dans une commune sollicitude. Ceci va être établi en peu de mots.

Le droit électoral est attribué par la loi à tout citoyen âgé de vingt-un ans, sans autre condition, ni de cens, ni de domicile. Pourquoi cet âge plutôt que vingt ans, que dix-neuf et même seize, qui est, en effet, l'âge de l'imputabilité criminelle ?... Qui a pu le décider ? Et, si on l'a fait, il y a donc quelque chose au dessus du suffrage universel ? Mais nous avons déjà réservé pour cause la question de souveraineté.

La grande raison pour l'adoption de ce chiffre de vingt-un ans, raison que l'on a cru triomphante jusqu'ici, c'est que cet âge est celui de la majorité dans la famille, et qu'il a semblé naturel et logique d'accorder le plein droit civique à celui qui était en possession de la plénitude de ses droits civils. A cela il n'y a qu'un mot à répondre, mais irréfutable.

Le législateur s'est abusé ; il s'est laissé prendre par l'analogie, et l'analogie ici n'existe nullement. Où a-t-il pris que le majeur de vingt-un ans avait tous ses droits dans la famille ? Le majeur de vingt-un ans peut, cela est vrai, administrer et aliéner ses biens, il en est le maître. Mais peut-il se marier tout seul et de son plein gré ou caprice ? Non, il n'en a pas le droit : il ne peut, jusqu'à l'âge de vingt-cinq ans, se marier sans le consentement de ses père et mère. Qu'est-ce à dire ? C'est que, malgré sa majorité quant aux choses, il est encore mineur quant à sa personne.

Le législateur, avec raison, a pensé qu'à cet âge, encore si près de l'adolescence, presque de l'enfance pour quelques uns, l'homme n'avait ni la raison assez sûre, ni le cœur assez sage, ni l'intérêt assez établi, pour jeter les bases immuables de sa vie, en un mot pour fonder cette grande et sainte chose qu'on appelle une famille.

Or, celui que le législateur civil déclare encore incapable de fonder une famille, voilà que le législateur politique le déclare capable de fonder la famille des familles, l'Etat ! car il me semble inutile de démontrer à ceux qui réfléchissent, que le moindre des suffrages jetés dans l'urne électorale n'en devient pas moins un des atômes formant la masse de cette assise fondamentale sur laquelle doit reposer et s'élever l'édifice social. Parlera-t-on encore d'analogie ? Evidemment non, mais on me répétera l'éternelle redite de l'instruction. Il faut, dit-on, répandre à flots l'instruction, et l'intelligence politique s'ensuivra.

Eh ! certes, nous aussi nous en voulons de l'instruction, et même plus et mieux que ses prétendus partisans, car nous la voulons libre et saine. Mais ce n'est point ici le remède.

Outre que l'instruction n'est point essentiellement associée à la moralité, et qu'au cas où elle en est séparée elle est plus dangereuse qu'utile, il est permis de penser qu'elle ne suffit pas toute seule pour l'exercice du droit qui nous occupe.

Le suffrage politique n'est pas moins inintelligent à l'âge en question dans les classes éclairées que dans les classes ignorantes ; et nombre de jeunes gens, sortis des colléges, tout bourrés de latin, voire de philosophie, sont aussi inaptes à raisonner sur les vrais principes et les vrais intérêts du pays, à juger de la valeur des candidats dans le rapport de ces principes et de ces intérêts, que le garçon boulanger qui pétrit leur pain ou l'ouvrier cordonnier qui les chausse.

Dieu me garde, en vérité, de parler mal de la jeunesse : c'est l'âge, éternellement admirable, des nobles passions et des grands sacrifices. Mais est-ce sa faute si elle n'a pas encore ce qui ne se conquiert qu'au prix de rudes travaux ? Tout droit veut être mérité, c'est-à-dire conquis par de généreux efforts ; et la vie politique doit avoir ses salutaires lenteurs d'initiation comme toutes les autres vies.

A ce propos, il est vrai, on objecte le service militaire, et l'on prétend que l'on doit être électeur par cela même que l'on est soldat.

Ceci est plus spécieux que vrai.

La loi d'abord y répond en fixant un âge différent pour ces deux actes civiques, et dans son texte le devoir précède le droit. Elle veut, en effet, qu'on soit soldat dès vingt ans, et ce n'est qu'à vingt-un ans qu'elle ouvre la porte des comices électoraux aux jeunes citoyens.

Mais qui ne comprend que, l'intelligence ne suivant pas une loi de développement aussi précoce que les muscles, il est tout simple d'attendre l'époque de maturité de chaque énergie ; que tout a son temps, doit venir à son heure ; qu'il s'agit moins ici du citoyen que du pays, et que tout y doit être coordonné en vue de la meilleure régie de la chose publique ?

La science sociale, du reste, se complique d'études et d'expérience ; et ce qui complète le mieux ses lumières, c'est la clarté vive d'un intérêt personnel essentiellement lié à l'intérêt général, et pénétrant dans une intelligence où s'est déjà régularisé le feu des passions.

Or, si Tacite a pu dire que quinze ans est déjà un grand espace de temps pour une époque, cinq ans seront bien quelque chose dans une vie d'homme, alors que chaque jour de cette période importante de la jeunesse est consacré par l'homme à se créer une position, à conquérir son indépendance et à préparer son avenir.

Arrivé à vingt-cinq ans, tout homme a déjà tracé une bonne partie de son sillon, c'est-à-dire s'est installé et habitué dans une voie professionnelle qui doit le conduire, s'il n'y est déjà, au complément de la vie de famille, le mariage. Tout homme, surtout dans les professions laborieuses inférieures, est, à ce âge, marié ou sur le point de l'être, par la raison qu'il a pleinement tout ce qui peut s'apprendre, et suffisamment de ce qui ne s'apprend pas : il est raisonnable, instruit, et intéressé à l'ordre social, ou il ne le sera jamais.

Cette dernière condition nous amène à une seconde critique du suffrage, tel que nous le pratiquons aujourd'hui.

Les garanties d'intelligence politique et de sens rassis que présuppose l'âge ne sont point suffisantes, à notre avis. Il faut encore celles qui résultent des intérêts. Le vieux droit disait : Point d'intérêt, point d'action ; nous dirions assez volontiers : Point d'intérêts, point de droits. Or, ces intérêts sont de deux sortes : ce sont ceux de la *famille* et de la *propriété*. L'un et l'autre constituent tout ce qui attache l'homme à la patrie ; l'un et l'autre sont le but de son ardent travail. Mais le travail n'est possible que dans l'ordre, et rémunératoire que dans la sphère d'un progrès basé sur l'esprit de conservation. Il faudrait donc que l'électeur de vingt-cinq ans offrît à la patrie l'une ou l'autre de ces garanties.

Au père de famille, qu'on donne le droit électoral sans condition, nous l'admettons sans peine, et même de grand cœur; cela est logique. N'est-il pas déjà revêtu de la suprême magistrature domestique ? ne se rattache-t-il pas à l'ordre social par le plus sacré des liens et le plus pur des intérêts ? et subordonner ainsi le grand droit civique à la sainte royauté du foyer, ne serait-ce pas relever l'un des droits par l'autre et les associer par là même en un commun devoir ? Ne serait-ce pas surtout honorer la famille et la proclamer le germe social par excellence, le principe et le type de tous les liens qui unissent les hommes en de plus vastes sociétés ?

Au célibataire, au contraire, qu'on réclamât la garantie de la propriété, c'est-à-dire d'un cens électoral à fixer, ce serait raisonnable. La Convention elle-même l'avait exigé de tous les électeurs : ce cens devait équivaloir à trois journées de travail au moins. Serait-ce être bien rigoureux que d'exiger du seul célibataire ce qu'elle exigeait de tous ?

Le célibataire, qui s'affranchit des austères devoirs de la paternité, qui s'exonère de ses permanentes sollicitudes et parfois des rudes travaux qu'elle impose, le célibataire, disons-nous, se défend d'ordinaire assez mal du reproche d'égoïsme, de dissipation et d'indifférence, comme il est de même plus exposé aux séductions des folles utopies et aux tentations des ambitions aventureuses.

Les exigences de la loi n'auraient donc rien qui pût, à ce point de vue, faire ombrage au sentiment démocratique le plus susceptible.

Ces deux conditions acceptées, il nous semble que les élections seraient plus sérieuses, plus graves que celles qui résultent de votes imposés par d'habiles intrigants à une jeunesse inconsidérée, emportée, sans attache au sol natal, stupidement enrégimentée par les sociétés secrètes ou les réunions publiques, et irrémissiblement subordonnée à tous ceux qui lui prêchent l'insubordination.

Mais ce ne serait point tout encore. Il y a une condition dernière, qui, sans être d'une égale importance pour les élections nationales, devrait être de rigueur pour les élections municipales; je veux parler du domicile.

Pour avoir droit de vote, pour être, en un mot, *citoyen*, ne faut-il pas être de la *cité?* Et qu'est-ce qui le prouvera, si ce n'est au moins une résidence de certaine durée ? Qu'avec les mœurs inquiètes de notre état social et industriel, cette durée ne puisse être très-longue, cela se conçoit ; mais qu'on puisse avoir le droit de nommer les magistrats municipaux, de participer ainsi indirectement à la gestion des intérêts de la cité et au maintien de l'ordre qui est sa vie, parce que pendant quelques jours, quelques mois peut-être, on y aura abrité sa vagabonde existence, cela n'est ni logique ni juste; et le véritable enfant de la cité ne peut qu'être blessé de ces intrusions ridicules dans le plus intime de son patriotisme.

Parlerons-nous maintenant du mode d'exercice de ce droit électoral, si précieux pour le citoyen, et qui importe si fort à la chose publique ?... Convient-il de le faciliter autant dans les villes et de le rendre par contre si difficile et souvent presque impossible dans les campagnes, en leur imposant le vote au canton, c'est-à-dire à de nombreux kilomètres de distance? Serait-ce là l'application républicaine du grand principe de l'égalité politique ?...

Je sais bien que le suffrage des campagnes a été aussi suspect aux démocrates que celui des villes leur est cher, et qu'ils étaient dans l'usage de prétendre l'un éclairé et l'autre entaché d'ignorance. Ceci pourtant ne tient qu'à une confusion inadmissible et très facile à débrouiller. La population éclairée des villes vote comme les plus saines campagnes; et, si leur suffrage général est autre, c'est à celui de leurs faubourgs, c'est-à-dire de leur population la moins éclairée et la moins morale, qu'on le doit. Du reste, villes et campagnes peuvent se renvoyer bien des objurgations blessantes, plus ou moins méritées de part et d'autre; cela importe assez peu. Y a-t-il un juge pour décider entre elles? Et puis de quel droit les votes ne se vaudraient-ils point dans un système qui a pour base l'égalité, et qui appelle au même scrutin Montesquieu et son valet de chambre? Enfin rien n'est stable de ce qui est inintelligent; et le suffrage des campagnes peut, à un moment donné, trahir les intérêts de l'ordre social comme il les sauvegarde en d'autres temps.

Convient-il encore de maintenir ce bizarre scrutin de liste, sorte de scrutin à deux degrés, sans contrôle pour le premier et sans grande intelligence possible pour le second? Comment, en effet, l'électeur illettré peut-il juger de la valeur d'un bulletin collectif qui contient pour Paris, par exemple, jusqu'à quarante-trois noms, quand l'homme intelligent et éclairé a souvent tant de peine à apprécier et juger un seul homme? Ne vaudrait-il pas mieux faire élire l'électeur au premier degré dans la commune, et réunir ces électeurs au canton ou au chef-lieu pour y élire le député? Cela ne serait-il pas préférable à cette surprise d'une élection multiple, contre laquelle on ne peut réagir, du reste, qu'en perdant sa voix?

Ne serait-il pas bon aussi de substituer au vote par bulletin imprimé le vote écrit par l'électeur en présence du bureau, sauf à ne rendre cette prescription de la loi obligatoire qu'après un délai qui donnerait à chacun le temps de se mettre en mesure de satisfaire à cette exigence? Ne serait-ce pas glorifier l'instruction que de l'exiger pour l'exercice d'un droit, et faire en même temps du seul enseignement obligatoire compatible avec la liberté?

Enfin, comme le droit électoral n'est point introduit au profit seulement de celui qui l'exerce, mais encore et surtout pour le bien de la société qui l'attribue et le garantit, ne devrait-il pas en être des négligences dont il est l'objet comme de celles qui concernent le droit de judicature attribué, et à quel âge encore? pour les faits criminels au simple citoyen? Ne devrait-on pas assimiler l'électeur qui s'abstient de voter au juré qui ne répond point à l'appel de la loi, et le frapper de la même amende? Outre que cette sévérité donnerait satisfaction à la légitime indignation des citoyens fidèles à ce devoir, elle aurait encore l'avantage de fixer le chiffre réel des majorités, et d'empêcher, par conséquent, des minorités chétives d'usurper des nominations qui ne sont que des surprises et des dérisions du suffrage universel.

Il resterait évidemment à réglementer les cas d'excuses légitimes, comme on le pratique pour le jury, mais en faisant la part des différences qui résultent de la nature même des devoirs à accomplir.

Athènes, cette démocratie si vantée, payait ses citoyens pour les déterminer à exercer leurs droits! En devrions-nous revenir à ce bel usage pour nos élections, et nous faudra-t-il aussi distribuer le *triobole?...* J'aime mieux l'amende; c'est plus juste et moins coûteux. Mais parlez donc des droits du peuple, et glorifiez le suffrage comme l'ancre de salut de la société menacée, lorsque les plus intéressés du peuple au maintien de l'ordre en font un tel cas!...

Le suffrage enfin est-il universel, quand le quart et même moins des électeurs inscrits suffit pour l'élection?

On nous dira peut-être que les réformes par nous réclamées risqueraient de porter une bien plus grave atteinte à cette universalité du suffrage, si chère aux démocrates qui se prétendent avancés, et qui n'existe déjà pas, ainsi que nous l'avons établi. Cependant, si nous voulions à ce propos les embarrasser sérieusement, nous pourrions aussi leur demander avec bien plus de raison pourquoi les femmes, c'est-à-dire la franche moitié de la masse électorale, sont exclues par eux des comices de la nation. Est-ce l'intelligence ou l'intérêt qui leur manquent, elles qui ont fourni à l'élite humaine tant d'éminents esprits, et que la loi, d'autre part, tient encore sous un joug si pesant? Ne pourraient-elles soutenir à ces deux points de vue avantageusement la comparaison avec les rois de la création? Serait-ce que la royauté du foyer, du moins, aurait trouvé grâce devant eux?

Au risque de provoquer leurs ricanements, qui ne disent guère et dissimulent mal l'entorse que fait cette exclusion à la logique de leurs théories, nous osons dire que le droit de suffrage pour les femmes est indiscutable dans l'ordre des idées démocratiques; et nous rappelons que déjà même d'éminents esprits s'en sont faits les champions.

Dans l'ordre des idées contraires, est-il donc si indigne d'attention? Et, sans avoir recours au précédent célèbre de nos ancêtres, les Germains, qui ne dédaignaient point de les consulter, même sur les plus grands intérêts de la nation, ne pourrait-on soutenir avec certaines chances de succès que l'intelligence plus pratique des femmes, leur esprit de famille et de propriété plus conservateur, leur sens religieux plus vif, leur intérêt dans les réformes légales plus grand, ne seraient pas un contre-poids inutile aux impérities et aux étourderies masculines dans le choix des nombreux souverains que se donne le suffrage universel? Mais il n'est point question de cette piquante nouveauté, et elle doit rester probablement longtemps encore dans le domaine de la pure utopie.

En dehors de cet amendement peu sympathique au sexe fort, il nous semble que le suffrage universel, établi, réglementé et sanctionné conformément aux observations qui précèdent, serait quelque chose de plus sérieux, de plus rationnel et de plus utile que l'espèce d'*alea* confuse, de laquelle nous faisons dépendre le sort du pays.

Sans doute ce suffrage pourrait avoir encore ses erreurs et ses défaillances. Nous ne sommes pas de ces philosophes à la Rousseau, qui, naïvement et en bons courtisans du peuple, affirment que *la volonté* de cette majesté *est toujours droite;* nous croyons au contraire fermement à sa versatilité et à sa faillibilité. Au dévot du peuple souverain nous dirions volontiers avec le Lamartine des anciens jours:

Objet de ses amours frivoles,
Ne l'as-tu pas vu tour à tour

Se forger de frêles idoles,
Qu'il adore et brise en un jour?

Mais nous croyons aussi non moins fermement que les bonnes règles soutiennent les plus infirmes natures, que les garanties multipliées fortifient les faiblesses, et que la raison enfin et l'intérêt sagement combinés peuvent contrebalancer et souvent vaincre les insanités de la passion populaire la plus surexcitée. C'est pour cela aussi que nous pensons qu'on ne saurait entourer de trop de conditions d'intelligence, de moralité et de sauvegarde un acte qui, dans l'état turbulent de nos mœurs, est si souvent renouvelé et nécessairement pris pour base des reconstitutions politiques de notre malheureux pays.

Nous recommandons à nos législateurs, en les résumant, ces réformes que nous croyons utiles dans le droit électoral: 1° l'âge élevé à vingt-cinq ans; 2° être père de famille, sinon payer un cens à fixer; 3° avoir un domicile de... années pour le vote municipal; 4° vote primaire à la commune et secondaire au chef-lieu; 5° écrire soi-même son vote; 6° amende fulminée contre les électeurs s'abstenant.

Ces *desiderata* sont des vœux de bon sens pratique, dont la réalisation ferait, nous ne craignons pas de le dire, progresser les mœurs, les institutions et le civisme du peuple, sans affecter en rien ces idées démocratiques dont il se montre si jaloux, et dont le système actuel n'est cependant que la contrefaçon et la parodie.

Il y aurait bien encore quelque chose de mieux et de plus radical pour assurer la sincérité du suffrage et son intelligence : ce serait le vote par ordres et par corporations, comme il se pratique en Angleterre. Mais cela présuppose la question même des corporations, dont nous aurons à parler plus bas; nous remettons donc à rappeler alors sa connexité avec celle de l'organisation du droit électoral. Au fond, du reste, quelle que soit l'expression de liberté progressive que porte en soi le suffrage dit universel, et parfois sa nécessité pour reconstituer une nation, n'oublions jamais qu'il est le nombre, c'est-à-dire la foule, c'est-à-dire l'inintelligence, ou, si l'on veut, la moindre intelligence; qu'il serait, par conséquent, quelque peu naïf d'en attendre la désignation très-intelligente des chefs ou serviteurs de la nation et des votes très-éclairés sur les grands intérêts sociaux.

DEUXIÈME ÉTUDE.

DES CARACTÈRES DE L'AUTORITÉ EN MATIÈRE POLITIQUE.

Je vais aborder une question qui est fort à l'ordre du jour, mais qui me semble être pour beaucoup d'esprits l'objet d'une grande méprise. Je veux parler du caractère du droit dans les divers gouvernements qui se divisent la société humaine.

C'est un lieu commun de la polémique politique d'opposer les gouvernements républicains aux gouvernements monarchiques, en donnant le nom de gouvernements *de droit divin* à ceux-ci, et en réservant à ceux-là seuls celui de gouvernements *de droit humain*.

Il semblerait ainsi que le droit divin et le droit humain se divisent et se disputent le monde; et, comme la tendance malheureuse des idées actuelles en politique est d'éliminer, autant que possible, Dieu lui-même de son œuvre, on dirait que ces qualifications n'ont été imaginées que pour avoir le droit de mettre *a priori* en honneur les gouvernements de pure élection et de discréditer radicalement les autres.

Ne voulant point être long ni blessant, j'ose dire du premier coup : Il y a là une idée que je crois fausse et qui risque d'être impie.

Evidemment, d'abord, ceux qui font cette distinction croient en Dieu ou semblent y croire. C'est donc à eux seuls que je vais m'adresser, pour concilier ce qu'ils posent à l'état d'antagonisme.

Quant à ceux qui ne croient pas à ce principe vivant et nécessaire de tout être et de toute puissance, je me bornerai à les prier de remarquer qu'il ne leur reste, pour assurer l'ordre dans le monde, que l'intérêt assez souvent aveugle et la force essentiellement inintelligente, tous deux absolument insuffisants à raisonner et imposer le devoir. A eux d'y pourvoir à leur guise ; mais, à coup sûr, la raison n'a rien à voir dans une théorie qui exclut la raison suprême, type, source et fin de toutes les raisons.

Maintenant justifions notre dire ; peu de mots, simplement explicatifs, y suffiront. En effet, si l'on n'agite qu'une question d'origine et de forme extérieure, il est certain que tous les gouvernements sont humains et de droit humain ; car (à une seule exception près, et qui ne fut que transitoire, celle du peuple juif) aucun gouvernement ne peut sérieusement se flatter d'être d'institution divine : jamais ange, assurément, n'est descendu du ciel pour oindre un mortel de l'huile sainte et le sacrer roi au nom de Dieu.

La sainte Ampoule est une légende, qui peut être d'un grand sens à un autre point de vue, mais à laquelle, certes, aucun monarchiste raisonnable n'a songé à rattacher historiquement le droit royal français.

Le fait de Jeanne d'Arc encore, qui nous apparaît comme une intervention divine manifeste dans la restauration de ce droit, ce fait, dis-je, ne saurait être objecté non plus ; car il prit et laissa ce droit dans ses conditions humaines d'alors, qui étaient tout autant la consécration religieuse que la transmission héréditaire. En dehors de ces faits mal compris, les partisans du droit de Dieu sur les sociétés ont-ils jamais avancé cette étrange et folle prétention de faire intervenir, directement et à tout propos, la Divinité dans les affaires humaines ? et les adversaires de ce droit manqueraient-ils de bon sens ou de bonne foi à ce point, qu'ils se donnassent le ridicule ou l'odieux de la réfuter sérieusement ?

Oui, l'origine du pouvoir humain, quoique souvent enveloppée de nuages, ne peut être incontestablement qu'un fait d'histoire humaine ; et la forme extérieure de ce même pouvoir est incontestablement encore un résultat complexe, parfois assez contesté ou contestable mais certain, de la géographie, des traditions, de la race, des mœurs et de la volonté implicite ou explicite d'un peuple : forme du reste changeante et modifiable, dans la mesure exacte de la sagesse et du sentiment du droit chez ce même peuple.

Cela est clair, indiscutable. A ce point de vue, il n'y a pas, on ne saurait trop le répéter, de gouvernement, quelque antique, quelque respectable et respecté qu'il puisse être, qui soit autre chose qu'une œuvre directe de l'homme ou une œuvre implicite des hommes, c'est-à-dire du temps.

Les théoriciens de l'histoire ont eu beau inventer un mot savant et sonore, celui de *théocratie*, pour exprimer la prépondérance de l'élément sacerdotal dans la constitution de la société humaine, la théocratie proprement dite, soit le gouvernement direct de l'homme par Dieu, sauf le cas plus haut cité, n'est pas de ce monde ; et les gouvernements prétendus théocratiques ne sont que des gouvernements où l'élément religieux se borne à remplir le rôle (*vices gerit*) de l'élément humain ordinaire, dans toutes ses conditions de faiblesse et de faillibilité. Tel est, par exemple, le gouvernement temporel du Pape, très-faillible assurément, tout associé qu'il soit à son gouvernement spirituel infaillible. Non, il n'est pas donné à l'homme, en cet ordre purement humain, de représenter Dieu pleinement et de régir les hommes pour lui.

En honorant l'homme du plus sacré des dons, la liberté, Dieu l'a, en effet, investi du droit auguste de se constituer en société de son choix, et d'en prendre l'initiative comme aussi d'en assumer la responsabilité.

Mais s'il est juste de reconnaître que tel est le caractère essentiel des gouvernements considérés au simple point de vue de leur origine historique et de leur forme extérieure, s'ils sont tous, à cet égard, de droit purement humain, il ne sera pas moins exact d'affirmer (et en cela je n'étonnerai que des sceptiques ou des irréfléchis) que tous les gouvernements, tous, sont en même temps *de droit divin*, lorsqu'on les considère au point de vue plus élevé de la raison d'être de leur autorité.

Les gouvernements sont évidemment institués pour *intimer* l'ordre dans la société humaine; car ce mot *intimer*, qu'on veuille bien le remarquer, signifie à la fois *mettre dans* et *commander*. C'est pour cela qu'on voit des hommes commander à d'autres hommes. Je vois bien, je comprends sans peine qu'un impérieux besoin d'ordre rende nécessaire ce commandement. Mais en vertu de quel droit l'homme commande-t-il à l'homme? Là est la question.

Est-ce en vertu d'une supériorité d'intelligence ou de moralité reconnue? Hélas! rarement le conseil d'Alexandre mourant est suivi, et le pouvoir attribué *au plus digne*.

Est-ce en vertu d'une supériorité de constitution et de force physique qui s'impose d'elle-même? Mais alors c'est une question de muscles ou de nombre, et nullement une question de droit.

L'égalité de nature devrait rendre les hommes incontestablement indépendants les uns des autres; et cependant on les voit en tout et partout subordonnés les uns aux autres, dans l'ordre politique comme dans l'ordre domestique, et même dans l'ordre religieux.

Ce phénomène d'autorité sociale, qui ne chôme jamais, qui se reproduit subitement, et comme de soi, à chaque nouveau renversement; cette subordination continue, volontairement consentie et même recherchée, entre des êtres dont la nature semble si formellement l'exclure, est, à coup sûr, un fait fort singulier, et qui doit donner à penser à tous ceux qui cherchent la raison des choses.

Sans doute, dans la famille, il s'explique par le droit purement naturel et vraiment divin du père, ce mandataire direct du Père premier et éternel. N'est-ce pas, en effet, par Dieu et dans l'ordre des lois physiologiques par lui établies, que les familles sont fécondes, et que le père est honoré de cette suprême autorité, de toutes la plus respectable, parce que sa charte est gravée dans le cœur du commandant tout aussi profondément que dans celle du commandé?

De même encore, dans l'Eglise, et même dans toute

église, la nécessité d'un lien de foi au sein d'une société qui se prétend issue de Dieu rend raison d'une autorité spirituelle, plus ou moins sérieuse, pour maintenir l'intégrité de ce lien et en condamner les ruptures.

Dans ces deux cas, comme la contrainte physique est à peu près nulle au premier et qu'elle est purement morale au second, je comprends qu'on s'incline devant cette double suprématie, sans discuter des droits d'une part incrustés dans l'organisme physique et moral des êtres qu'ils régissent, et de l'autre librement acceptés par la société spirituelle qui les subit.

Mais dans la société politique en est-il ainsi? Hélas! on ne peut le dire. Evidemment, au contraire, l'autorité de son gouvernement n'est ni aussi naturelle, ni aussi sympathiquement obéie. Tout en s'appuyant sur un droit quelconque, le gouvernement de cette société ne dédaigne point la force; et cette force même si souvent décide de sa destinée, que certains violents ont pu prétendre à ce sujet que *la raison du plus fort est toujours la meilleure*, sans se douter que ce ne devrait être que la métaphysique et la morale des loups et non celle des hommes.

Cependant la force seule, destituée d'un droit qui la dirige, ne fonde rien de durable, rien surtout de respectable : elle peut contraindre, briser, écraser, mais faire obéir dans le sens vraiment noble de ce mot, jamais. Cet état violent n'est pas un ordre, mais une lutte sociale où le commandement est sans déférence comme la soumission sans dignité; c'est un simple problème de dynamique; ce n'est plus une société d'êtres intelligents et libres, une fière hiérarchie de volontés. La force, en d'autres termes, n'est rien ou n'est qu'un crime sans le droit.

Mais si la raison d'être du pouvoir humain n'est pas dans la force, il faut bien, de rigueur, qu'elle soit dans une loi essentielle, supérieure au commandant comme au commandé, imposant au premier la sagesse comme au second le respect, légitimant l'emploi de la force dans la main du droit, protégeant la liberté à l'égal des intérêts, sauvegardant les petits comme les grands, les riches comme les pauvres, les faibles comme les forts, et justifiant toutes ces différences de destinées par le développement normal de la liberté de chacun et les souveraines exigences de l'ordre et de la paix de tous.

Oui, la raison d'être du pouvoir est dans cette force morale près de laquelle la force matérielle n'est qu'un jeu d'enfant, dans cette force qui domine et régit les consciences comme les bras, et fait de tout subordonné un coopérateur bénévole de ce pouvoir dans ses efforts de pacification et de bon gouvernement.

Or, cette loi essentielle, principe de tout devoir en bas, expression de tout droit en haut, cette loi ne serait-elle qu'une formule de la raison de l'homme, qu'un mot sonore, vain produit de ses lèvres si faillibles? Supérieure à l'homme, régissant l'homme, pourrait-elle n'être que son œuvre? et l'homme, en cette hypothèse, serait-il assez sot pour s'y soumettre? Lui qui se prétend si éclairé, si instruit sur ses droits, s'agenouillerait-il donc comme le sauvage devant cette dernière idole, devant ce fétiche de la loi, sans lui verbe impuissant et muet? Père de cette loi, enfin, consentirait-il ainsi à se soumettre à son propre enfant? Non, évidemment; ce qui est supérieur est par là même préexistant : toute loi suppose un législateur, comme toute justice un justicier, et ce législateur, ce justicier peut-il être autre que le Dieu provident, qui veille sur son œuvre, même à travers l'humaine liberté ?

Si donc il est vrai que la société humaine ne puisse exister sans autorité, s'il est vrai que la force ne peut seule accomplir l'œuvre sociale, qu'il faut que la conscience y soit intéressée et que le pouvoir puisse l'engager par ses prescriptions, il est clair comme le jour que l'homme seul n'y suffit pas, et que l'autorité humaine, que toute autorité humaine doit procéder virtuellement de Celui qui est l'autorité radicale, comme il est la paternité essentielle.

En d'autres termes, pour que l'homme soit tenu de s'incliner devant l'homme, il faut qu'un sceau divin marque au front le dépositaire tel quel de l'autorité sociale, et que sa loi soit en parfaite harmonie avec celle même de Dieu. Sans cette double condition, on ne pourrait exiger de l'homme aucune soumission raisonnable ; car tout homme de cœur aurait raison au contraire de la refuser à son semblable, qui ne serait que son égal, et souvent même que son inférieur en force, en intelligence ou en moralité. Ce serait ainsi l'anarchie doctrinale ou la négation rationnelle de tout pouvoir.

Mais cet état est le désordre absolu ; et comme la société veut l'ordre à tout prix, à défaut de l'autorité qu'elle aura violemment renversée, on la verra se soumettre très-humblement et très-vite aux plus ignobles usurpateurs de ses volontés et jusqu'à des dictateurs de ruisseau. Déplorables pouvoirs, qui n'en sont cependant pas moins que les autres, en un certain sens, de droit divin ! pouvoirs de permission divine, comme les autres le sont de divine bienveillance, et qui semblent avoir pour mission de punir les sociétés coupablement insurgées contre leur vrai droit!

Le peuple se figure qu'il *crée* le pouvoir parce qu'il le *désigne*. C'est à peu près comme si les astronomes se figuraient créer l'astre que leurs lunettes découvrent dans les sombres immensités du ciel. Il est vrai que dans le premier cas, l'astre n'étant pas aussi lumineux, l'astronome y doit mettre un peu du sien, bien que l'astre, de son côté, fasse de terribles avances à la lunette.

Cette confusion d'idées est l'erreur propre des temps de gouvernements électifs. A force de nommer le Pouvoir, on arrive à s'en croire le possesseur ; en d'autres termes, à force d'en être le *moyen*, on finit par s'en proclamer la *source*.

Mais la suite de ces Etudes fera mieux comprendre combien est grande cette singulière illusion de souveraineté.

Comme on le voit, le droit divin n'est point *ce qu'un vain peuple pense;* ce n'est pas un caractère surnaturel, directement imposé au pouvoir humain ou prétendu par lui ; c'est une vertu secrète qui le pénètre, souvent à son insu, de l'autorité divine, et lui donne, par là même, sa vraie raison d'être. Faut-il en conclure que le pouvoir humain en devient infaillible et impeccable? Hélas ! l'histoire est là pour répondre. Tous les gouvernements, au contraire, ont affreusement abusé. Montesquieu a pu dire : « Si je « voulais raconter tous les maux qu'ont produits dans « le monde les lois civiles, la monarchie, le gouver« nement républicain, je dirais des choses effroya« bles; » et, si Montesquieu écrivait pendant les hontes fangeuses de Louis XV, il n'avait pas vu les saturnales sanglantes de 93.

Telle est, très-brièvement exposée, ce que nous croyons être, en matière d'autorité sociale, la vraie doctrine résumée dans cette parole si profondément philosophique de saint Paul : « Il n'y a point de puis-« sance qui ne vienne de Dieu. »

Les formes variables de monarchie ou de république que cette autorité peut affecter, ces formes dont le commun des esprits se préoccupe si fort, importent donc peu à cet égard, et ne sauraient changer ce double caractère, à la fois *divin* et *humain*, qu'elle revêt aux yeux des peuples.

Le premier de ces caractères relève l'autorité en honorant l'obéissance; le second restreint l'une et l'autre aux proportions du juste et de l'utile; et tous les deux composent une sorte de puissance mixte, laquelle, puisant dans l'un sa force et dans l'autre le sentiment de sa faiblesse, se trouve ainsi admirablement appropriée à sa fin, qui est de commander à l'homme au nom de l'homme, en méritant son respect au nom de Dieu.

Mais produisons nous-mêmes en finissant une autorité de quelque poids à l'appui de notre dire; car l'autorité est bonne en toutes choses, même dans les choses de l'esprit : « Les dissensions affreuses, les « désordres infinis qu'entraînerait le dangereux pou-« voir dans le peuple de changer de gouvernement, « montrent plus que toute autre chose combien les « gouvernements avaient besoin d'une base plus so-« lide que la seule raison, et combien il était néces-« saire au repos public que la volonté divine intervînt

« pour donner à l'autorité souveraine un caractère « sacré et inviolable qui ôtât aux sujets le funeste « droit d'en disposer. Quand la religion n'aurait fait « que ce bien aux hommes, c'en serait assez pour « qu'ils dussent tous la chérir et l'adopter, même avec « les abus, puisqu'elle épargne encore plus de sang « que le fanatisme n'en a fait couler (1). »

Celui qui parle ainsi est l'auteur même d'un livre jadis fameux, maintenant aussi oublié qu'il mérite de l'être, et qui a titre : *le Contrat social*. Quand le théoricien le plus radical des idées révolutionnaires reconnaît d'une façon aussi expresse la nécessité du droit divin, on peut croire la question résolue, et considérer ce droit, non point seulement, au dire de notre philosophe, comme une intervention accidentelle de la volonté divine, mais comme son action immanente et permanente en tout pouvoir humain, pour lui donner le droit de commander et partant d'imposer le devoir d'obéir.

La négation de ce droit, qui a si fort cours de notre temps, outre sa fausseté manifeste, révèle donc le grave danger d'engager, à leur insu sans doute, les théoriciens politiques et les gouvernements dans la voie d'un athéisme social, gros de despotisme déraisonnable et de catastrophes expiatoires. L'homme, en effet, reste seul alors au dessus de l'homme avec son orgueil et ses passions égoïstes; et il ne se peut que Dieu, en retirant sa main de ceux qui la repoussent, ne fasse pas comprendre, par les conséquences de cet abandon, que la société, pas plus que l'individu, ne peut, suivant la grande pensée de saint

(1) J.-J. Rousseau, *Discours sur l'inégalité des conditions*.

Paul, « vivre, se mouvoir et exister » en dehors et en se passant de Lui.

Quant aux formes des gouvernements humains, c'est une question moins haute, et qui, ainsi que nous l'avons dit plus haut, n'a rien de commun avec celle que nous venons d'examiner. Elle importe néanmoins grandement; car, bien qu'elle n'appartienne en apparence qu'à l'ordre des faits, en réalité elle n'en relève pas moins aussi des lois de la raison pure; et il est des moments dans la vie des peuples où tout semble dépendre de sa solution. Il ne serait donc pas mal de l'aborder également avec le sang-froid d'un patriotisme éclairé.

TROISIÈME ÉTUDE.

DE LA FORME DES GOUVERNEMENTS.

Le pouvoir social est évidemment de constitution humaine; mais de ce que l'homme a le droit de le constituer à son gré, il ne s'ensuit pas, avons-nous dit dans notre précédente Etude, que Dieu soit étranger à ce pouvoir ainsi établi. Il y a plus : tous les pouvoirs humains, tous sans exception, ont, à un certain point de vue, et à l'insu de l'homme qui croit en être le seul artisan, une origine et un côté mystérieux. C'est en ce sens que Fénelon a excellemment dit : *L'homme s'agite, mais Dieu le mène*, et que saint Paul, encore plus explicite, après nous avoir affirmé déjà qu'*il n'y a point de puissance qui ne vienne de Dieu*, ajoute : *et celles qui existent sont ordonnées par Lui.*

Plus tard nous tenterons de scruter ces choses. Maintenant, après notre Etude sur les caractères de l'autorité politique, passons du fond à la forme, c'est-à-dire de la raison d'être de l'autorité à la manière d'être de cette même autorité.

Il semblerait que ce dût être une question simple et facile à résoudre. Loin de là, c'est sur ce point au contraire que se réunissent et s'accentuent les passions, les discussions, les violences. Hélas! il faut bien le dire, c'est que c'est plutôt encore affaire d'ambition et de cupidité que de logique et de principes, et que la convoitise y a plus de part que la raison.

A qui reviendra le Pouvoir? Quels sont ses droits et ses limites? Difficile détermination, surtout *a priori.*

A qui le Ministère social de tout ordre? Vaste proie, et multiple, que convoitent tous les regards, que se disputent tous les orgueils et tous les appétits.

Tacite, avec sa concision habituelle, a résumé cette question des formes gouvernementales en quatre hypothèses : *Cunctas nationes et urbes populus, aut primores, aut singuli regunt. Delecta ex his et consociata reipublicæ forma, laudari potius quam evenire, vel si evenit, haud diuturna esse potest.* (ANNAL., l. IV, c. XXXIII.) « Toutes les nations et villes, dit-il, « sont régies ou par le peuple, ou par les principaux, « ou par un seul. Une forme de république composée « de tous ces éléments associés est plus belle à imaginer que facile à réaliser; et, si elle se réalise, « elle ne peut être durable. »

Selon l'illustre historien, les trois premières hypothèses seraient ainsi seules possibles, et la quatrième ne serait qu'une séduisante chimère.

Cela pouvait être vrai de son temps. Depuis lors la civilisation a marché; la chimère est devenue une réalité, et une réalité durable. Mais n'anticipons pas.

Gouvernement populaire, gouvernement oligarchique, gouvernement monarchique, ou les trois combinés en un seul : voilà donc les quatre formes que peut affecter la chose publique, ou la république, comme on disait autrefois, en prenant ce mot dans un sens beaucoup plus large et moins passionné qu'on ne le prend de nos jours.

Quant à leur réalisation, elle s'opère nécessairement ou par l'élection pure, ou par la transmission héréditaire, ou par ces deux moyens réunis.

Tel est le résumé du mobile phénomène de l'évolution sociale.

Maintenant, au sein des compétitions avides déchaînées sur notre pauvre pays, se peut-on demander avec un suffisant sang-froid et une convenable liberté d'esprit quelle est la valeur de ces formes? Y en a-t-il une qui soit la forme essentielle, normale, nécessaire, un type enfin imposé par la raison à l'aspiration de toute société humaine?

Il y a des gens qui le prétendent; et chacun de ceux-là, est-il nécessaire de le dire? revendique cet honneur pour le rêve chéri de sa propre pensée.

Cette prétention est logique; mais elle doit être néanmoins courtoise autant que convaincue. Certains ne peuvent traiter ces choses que l'écume et l'injure à la bouche. Il n'y a qu'un orgueil doublé de méchanceté qui se puisse permettre d'outrager ainsi l'adversaire, en lui déniant *a priori* la bonne foi et le patriotisme. L'homme de cœur les présuppose toujours jusqu'à preuve contraire ; l'homme de raison se borne à peser avec calme les raisons, en se maintenant au dessus de cette région basse des préjugés communs, où se forment les opinions injustes et violentes.

Donc, sur cette question de la valeur relative des diverses formes de gouvernement, les opinions varient de la sorte :

Pour les uns, la république ou le gouvernement populaire est l'idéal de la liberté et de la dignité d'un peuple : selon eux, c'est l'âge de sa virilité et de sa pleine puissance ; il s'appartient alors en propre, et l'individu lui-même ne se développe à l'aise que dans ce milieu sain et fortifiant.

Pour les autres, la puissance sociale, concentrée dans les mains des plus élevés et des plus intéressés à la chose publique, offre les plus grandes garanties d'une administration sage et éclairée ; et, de plus, elle assure cet esprit de suite qui, accumulant les sagesses et les forces des ancêtres sur leurs derniers descendants, constitue seul les fortes politiques et les Etats vraiment durables.

D'autres encore, ne voyant le bien de la société que dans l'unité et l'indiscutabilité absolues de son pouvoir une fois constitué, estiment que le régime monarchique est préférable à tous comme se rapprochant le plus du gouvernement de la famille, cette société naturelle et légitime par excellence, du gouvernement de Dieu, ce type incontestable de tous les gouvernements ; et ils le préconisent en même temps comme celui qui sauvegarde le mieux la liberté, un seul ne pouvant évidemment aussi grandement excéder contre tous que tous contre un. Il est juste d'ajouter qu'ils n'entendent en aucune façon par là ces monarchies d'aventure et d'aventuriers qui n'ont de la chose que le nom, mais bien ces monarchies sérieusement traditionnelles, plongeant de profondes racines dans le passé et les mœurs des peuples qu'elles régissent.

D'autres enfin, prenant quelque peu en pitié toutes ces prétentions si opposées et tous ces enthousiasmes si exclusifs, considèrent la république, l'oligarchie et la monarchie pures comme l'enfance de l'art gouvernemental, et ne conçoivent d'état social pleinement digne de l'homme que celui où tous ces éléments de pouvoir et de liberté se trouvent réunis : l'unité, dans la personne d'un chef indiscutable ; l'esprit de tradition et de suite, dans le service dévoué des plus intéressés, des plus grands et des plus habiles ; l'esprit de progrès, dans la représentation intelligente de tous les intérêts populaires, seconde élite de la nation appelée à recruter sans cesse la première. A leurs yeux, cette combinaison savante supprime ainsi toutes les causes de troubles, équilibre toutes les tendances, pacifie tous les antagonismes, exalte toutes les aspirations légitimes, faisant par là même d'une nation tout entière, selon la spirituelle quoique inexacte expression de J. de Maistre, une sorte d'*aristocratie* tournante, dont l'évolution régulière donne satisfaction en son temps à chacun, en sauvegardant en tout temps la paix et le bien-être de tous. Enfin, pour mettre à néant l'opinion précitée de Tacite, objectant l'impossibilité d'un pareil système de gouvernement, ils en montrent avec triomphe la réalisation parfaite dans la constitution plusieurs fois séculaire du peuple anglais, si pratique et si positif en matière de droit politique.

Que penser de toutes ces affirmations si résolues ?… Qu'en penser ? que tout le monde a raison et que tout le monde a tort, parce que tout le monde veut résoudre avec la raison seule ce qui ne se peut résoudre pleinement qu'avec les faits, avec la volonté plus ou moins éclairée et saine, et même avec les préférences irraisonnées d'un peuple.

On ne dispose pas plus, en effet, d'un peuple, au gré d'une théorie préconçue, qu'on ne marie une fille contre sa volonté. D'ailleurs, les questions de forme sont essentiellement relatives, et par conséquent relèvent d'une sorte de mode, tout aussi bien dans le monde de l'intelligible que dans le monde matériel.

Sans doute la forme, en ce qu'elle a d'essentiel, est absolument invariable. Ainsi, l'unité de l'élément gouvernant, la subordination de l'élément gouverné, la complexité de l'élément actif ou ministériel : tout cela se rencontre, plus ou moins accusé, il est vrai, mais manifeste, dans chacun des gouvernements ci-dessus signalés.

Mais la constitution de la machine gouvernementale, le mode de désignation du chef et de ses coopérateurs de tout ordre, les droits et devoirs des subordonnés, enfin la dénomination même de la chose : *monarchie* ou *république*, tout cela est variable et souverainement dépendant des goûts, des mœurs, des tendances, des aptitudes, en un mot du génie d'un peuple; je dirai même encore de ses besoins, de l'étendue et de la configuration de son territoire, de ses relations internationales, de la constitution de ses voisins, de l'âge de sa civilisation, enfin d'une foule de circonstances et de causes secondes très-complexes, qui n'ont rien à démêler avec la métaphysique politique même la plus élémentaire, et qui déterminent la forme gouvernementale de chaque peuple beaucoup plus sûrement que les raisonnements les mieux alignés et les théories les plus ingénieuses.

Telle forme de gouvernement conviendra donc à tel peuple, comme telle autre à tel autre ; et leur durée plus ou moins longue rendra d'ordinaire raison de leur correspondance avec l'esprit et le tempérament des peuples qui les adoptent, de même que leurs changements plus ou moins justifiés attesteront le progrès ou le mouvement rétrograde de leur civilisation.

Car, est-ce à dire qu'au point de vue de la raison pure les quatre formes de gouvernement se vaillent, et qu'il n'y en ait pas une qui soit l'idéal supérieur, plus ou moins réalisable, de la science sociale? Non, non : pour faire de l'impartialité, nous ne ferons pas du scepticisme. Au risque donc de déplaire également à certains fanatiques d'en haut et d'en bas, qui ne comprennent pas que l'exagération d'une vérité est le commencement d'une erreur, nous oserons dire que la meilleure forme de gouvernement à nos yeux, la plus *avancée*, celle qui sauvegarde le mieux les justes droits du pouvoir et la non moins juste dignité du citoyen, c'est évidemment celle que le païen Tacite estimait n'être qu'un beau rêve, et dont l'esprit progressif des peuples chrétiens a fait depuis lors, et assez fréquemment, une brillante et féconde réalité.

En effet, la république, l'oligarchie et la monarchie pures étant exclusives, sont forcément condamdamnées par là même à être excessives. Ne tombe-t-on pas toujours du côté où l'on penche ? La monarchie représentative et parlementaire, au contraire, empruntant à la monarchie pure son principe d'unité et de conservation traditionnelles, à la république ses garanties d'élection, de discussion et de représentation populaires, à l'oligarchie enfin son esprit de suite et l'énergie de sa vie civique, s'assimile ainsi tout ce que ces trois formes ont de bon, en compensant, par l'association même de ces éléments divers, ce qu'ils peuvent avoir de dangereux lorsqu'ils sont isolément employés.

Ainsi, dans cet ordre gouvernemental véritablement supérieur, les peuples sont préservés des caprices despotiques du chef par la libre et puissante défense des droits et des intérêts populaires, des frénésies insensées de l'anarchie par l'inviolabilité et la pérennité du pouvoir, des blessantes insolences de l'esprit de caste par le noble progrès des races dans leur participation de plus en plus large à une activité politique de plus en plus distinguée. L'esprit de réforme et l'esprit de conservation, également représentés dans les deux assemblées de la nation, tout en se divisant dans leur but, se combinent harmonieusement dans leur résultat, et préservent également le pays de la double folie et du double péril des nouveautés décevantes et des résistances insensées. Dans cette forme de gouvernement, le corps social palpite en chacun de ses membres d'une vie commune, de telle sorte que tous y soient ennoblis dans la mesure de leur responsabilité relative.

Maintenant, quelle que soit la supériorité théorique d'une forme sur les autres, puisque chacune de ces formes a servi à de grands peuples pour accomplir de hautes destinées comme aussi d'épouvantables horreurs, et que l'histoire reste indécise entre elles sur leur importance relative dans l'œuvre si complexe de la civilisation générale, il nous semble qu'il serait d'un peuple sage de ne point procéder de parti pris à cet égard, et de faire dans l'application une particulière attention à la forme établie et longtemps pratiquée chez lui; car, en cela comme en toute chose, la pratique longue, involontaire et en quelque sorte inconsciente, l'expérience en un mot, a résolu la question avant même que la théorie ait pu songer à la poser.

On voit par là ce qu'il faut penser de la prétention de ceux qui veulent, au nom de leur logique personnelle, imposer de haute lutte à une nation une forme gouvernementale quelconque, affirmant qu'une telle forme ne peut être mise en question, et qu'elle est au dessus du droit des majorités elles-mêmes.

Cette manière de raisonner, ou plutôt de supprimer le raisonnement, n'est qu'une forme nouvelle du despotisme, une tentative d'usurpation déguisée en sophisme, un délit enfin de minorité factieuse, tendant à soustraire à un peuple, par la subtilité et au besoin par la force, un acquiescement qu'elle craint de ne pouvoir légitimement obtenir par la discussion et le vote.

De la part des quatre systèmes que nous avons précisés, c'est une offense au bon sens et aux droits d'un peuple sur lui-même; mais quand elle est le fait des promoteurs de la forme républicaine, cette prétention implique une telle contradiction, qu'il n'est pas même possible de la prendre au sérieux.

Conçoit-on, en effet, un peuple qui est dit souverain, et qui ne peut disposer de lui à son gré; une génération qui ne peut, dit-on, lier les générations futures, et qui se trouve elle-même liée irrémissiblement par un mot fatidique, devant lequel elle devra s'incliner à tout jamais comme le sauvage devant son manitou; un gouvernement enfin qui ne saurait être autre, en théorie, que la résultante des volontés de la majorité, et qui, en fait, doit s'établir et se maintenir sans et même contre la volonté de cette même majorité? En vérité, cela est superbe de logique transcendante et de radicalisme quintessencié; et il n'y a que les sophistes ou les tyrans pour être doués d'une aussi rare imaginative.

Cela se dit pourtant, se répète et même s'accepte dans le pays qui se prétend, souvent avec raison, le plus spirituel de la terre. Des esprits, crus distingués jusque là, se font les éditeurs de cette singulière théorie; on les écoute, et on ne paraît pas même s'apercevoir qu'une telle affirmation, si hautaine qu'elle soit, n'est que la négation de la politique rationnelle au profit de la passion déraisonnable. Hélas! c'est qu'il y a si peu d'hommes de parti qui préfèrent noblement la logique au succès, et qui ne soient malheureusement disposés à parvenir à tout prix, même à celui des abjurations les plus humiliantes!

Non, dirons-nous à l'encontre de cette logomachie regrettable, rien n'est au dessus de la volonté d'une nation en voie de se reconstituer, rien, sauf ces lois primordiales de vérité, de morale et de justice essentielles, qu'elle ne saurait assurément changer ou supprimer au gré de ses fantaisies constituantes. Tout le reste, toutes les questions de forme relèvent de son libre arbitre; elle a le droit de choisir son mode de gouvernement, ses allures de civilisation; elle a même, si l'on peut ainsi dire, le droit de les choisir mal. Il suffit, comme dit Bossuet, qu'elle en soit *charmée*. Qui donc pourrait s'arroger le droit d'y faire obstacle, en substituant témérairement sa simple volonté à la volonté de la majorité? Pour des démocrates ne serait-ce pas irrespectueux autant qu'illogique?

Cela est assez clair. Mais, objecte-t-on, ce pouvoir de la nation sur elle-même peut-il aller jusqu'à son abdication absolue, éternelle, au profit de quelques uns et même d'un seul ?

Rayons d'abord ces mots : *au profit ;* car, dans la vraie science sociale, le Pouvoir est une simple charge, parce qu'il doit être avant tout un dévouement.

En second lieu, disons encore qu'il n'y a rien d'*éternel* en ce pauvre monde social, où toutes choses sont, au dire du grave Salluste, fragiles et caduques : *fragiles et fluxæ*, et qu'il importe plus de les faire durer que de les changer; car rarement, pour les choses éprouvées par l'habitude, le changement est en mieux.

Du reste, rien n'est plus contestable que ce prétendu principe que les générations ne se peuvent pas lier les unes les autres. En fait, c'est même plutôt le contraire qui est vrai, la vie civile n'existant que par la pérennité des contrats et la solidarité des existences successives.

Et puis encore où donc commence et finit une génération, et quand faudra-t-il renouveler les choses? Ne voit-on pas que, par suite des changements continus du corps électoral, le vote devra recommencer chaque année, que disons-nous? chaque jour, chaque heure même, et que cet instrument de constitution rénovatrice ne sera plus, à la longue, aux mains des factieux, qu'un levier d'ébranlement perpétuel?

On craint d'être lié. Allons donc ! il faut laisser cette crainte à la processive comtesse de Pimbesche, et craindre au contraire qu'une nation le soit si peu, qu'elle soit toujours à la merci de sa propre inconstance et des ambitions impatientes de ses plus méchants citoyens. A Rome, en toute discussion, le grand argument était toujours tiré de la sagesse et des décisions des ancêtres (*more majorum*); le jour où les agitateurs du Forum s'en purent railler impunément, c'en fut fait de la république, et la fièvre du changement ne tomba plus.

En vérité, pourquoi donc un peuple ne pourrait-il se lier ainsi, s'il y voyait son intérêt, si par ce moyen l'élimination des compétitions de pouvoir lui semblait un avantage supérieur à cette souveraineté nominale, dont les systèmes purement électifs l'honorent, mais qu'il n'exerce un moment que pour la subir toujours? Et puis enfin « il me plaît d'être battue, » disait Martine au bonhomme Robert. Un peuple en quête d'un état social peut avoir de ces répliques irréfutables à l'adresse de ses sauveurs malgré lui ; mais le plus souvent ce n'est pas de ses chefs les plus légitimes qu'il consent à être ainsi le souffre-douleur. Cependant, encore une fois, qui pourrait décider de ces choses pour lui et sans lui ?

Et pourtant de nos jours les minorités le prétendent, et les majorités semblent parfois s'y résigner. Qu'est-ce à dire ? et que devient alors la pure raison démocratique, l'irrésistible logique du nombre ?

L'auteur du *Contrat social*, embarrassé pour concilier avec ses doctrines de souveraineté populaire la soumission de la minorité au vœu de la majorité, imagine de dire qu'on n'opprime ni n'assujettit cette minorité, mais qu'on la *force* seulement d'être *libre*. Voilà, sans doute, une liberté bien assurée ! Et c'est déjà fort en matière de souveraineté nationale et de contrat social : un beau contrat léonin en vérité ! Mais une majorité forcée par une minorité ! N'est-ce pas là le sublime du genre, et le sophisme plaisant de Rousseau n'est-il pas dépassé de cent coudées ?

Toutefois cette question voudrait une exposition à part. Et dans ce cas il la faudrait reprendre en traitant de la constitution d'un peuple, telle que la conçoit la raison pure et dégagée de tout intérêt.

Quant à l'Etude présente, terminons-la en disant, peut-être à la surprise de beaucoup de gens, que ces questions de formes gouvernementales sont dans le fond plus nominales que réelles, et que les peuples ne doivent pas être légers et frivoles au point de se laisser misérablement prendre aux intitulés flatteurs et aux programmes fastueux.

Car, ainsi que nous l'avons dit, sous les dehors variés des formes accidentelles de chaque gouvernement, on retrouve sans peine les formes essentielles de toute agrégation sociale : toujours, en effet, le Pouvoir se réduit, se résume, se condense en un seul homme, qu'il se nomme roi ou président, qu'il puise son droit dans l'assentiment implicite et successif des générations ou dans le vote sans cesse renouvelé du peuple dont il relève ; toujours la masse, qu'elle désigne ou non le Pouvoir, est en définitive subordonnée et tenue à l'obéissance ; toujours les plus habiles, les plus indépendants, c'est-à-dire les meilleurs (αριστοι), qu'ils aient trouvé leur brevet de service dans leur berceau ou qu'ils le reçoivent du chef ou de l'élection, sont appelés en définitive à aider ce chef dans l'administration de la chose publique; toujours surtout le Pouvoir oblige en conscience, et la révolte est flétrie comme un crime; toujours enfin le pauvre peuple est la première victime des folies et des attentats commis en son nom par ceux qui, dénaturant la notion du pouvoir, se disputent le dangereux honneur et la volupté très-contestable de le représenter et de le servir.

Telle est la théorie pure; quant à son application, on la prétend plus difficile à faire. Nous ne le pensons pas; néanmoins nous l'abandonnons modestement à la sagacité de nos lecteurs.

QUATRIÈME ÉTUDE.

DE LA CONSTITUTION D'UN PEUPLE.

Ce serait peu de connaître et de distinguer les bases sérieuses de l'électorat, les vrais caractères de l'autorité politique et la valeur relative des diverses formes de gouvernement, si, en dehors de ces données théoriques, on n'étudiait encore le phénomène social, si on ne s'efforçait d'assister par la pensée à ce travail, presque toujours latent, apparent parfois, de l'enfantement ou de la régénération d'un peuple.

Heureux les peuples qui n'ont pas à s'occuper de ces questions irritantes, et qui, pourvus dès longtemps d'un gouvernement universellement accepté, ne se doutent même pas qu'ils puissent être autrement constitués qu'ils ne le sont par la force et la nature des choses

Un peuple, en effet, ne se constitue pas *a priori* aussi complètement qu'on peut le croire. D'ordinaire, cette œuvre primordiale s'accomplit d'une façon plus inconsciente, je dirai même plus mystérieuse et plus naturelle tout ensemble : elle se fait comme poussent es chênes. Comme ceux-ci sont l'œuvre de Dieu et de la nature, de même celle-là est l'œuvre des hommes, et du temps, c'est-à-dire de Dieu.

Lorsque l'homme, si ce n'est la tempête ou le hasard, a jeté le gland sur le sol humide, cet atome, qui sera un jour le géant de la forêt, y germe d'abord obscurément, d'année en année, de siècle en siècle ; il enfonce peu à peu ses racines au plus profond des entrailles de la terre. Une puissante sève le fait surgir ; il grandit ; il étend dans l'espace ses vastes bras ; il se couvre d'un épais feuillage, qui rafraîchit de plus en plus le sol sur lequel il repose ; et il offre enfin, sous sa vigoureuse ramure, un impénétrable abri à des milliers d'hôtes aériens, paisibles petites républiques qui pourront y braver toutes les violences de l'orage.

D'autre part, quand un peuple, soit par catastrophe involontaire, soit par inconstance native, soit de volonté préméditée, se trouve tout à coup privé de la forme de gouvernement qu'il tenait de sa nature ou des circonstances, il est bien forcé d'y aviser et de se constituer à nouveau.

S'il est jeune, sain et de bon sens, sa reconstitution s'opérera comme d'elle-même, comme se guérit un homme robuste d'une maladie accidentelle : un habile médecin, des remèdes appropriés, un bon régime, et tout ira bientôt mieux qu'auparavant.

Mais, s'il est vieux, vicieux et sophistique, cette reconstitution rencontrera autant de difficultés que le rétablissement dans un individu de même manière d'être : ce peuple ressemble en effet à un libertin suranné, épuisé d'excès et à bout de sottises, qui voudrait se refaire un tempérament, pour, le misérable ! recommencer à nouveaux frais ses déportements, sans remords ni honte. Le voilà donc s'adressant aux médecins qui n'y peuvent guère, et souvent de préférence aux charlatans qui n'y peuvent rien. Quand les premiers sont impuissants, son espérance résolue accepte toutes les hâbleries des derniers comme des remèdes, tous leurs remèdes comme des fruits de l'arbre de vie; et les restes de sa pauvre santé s'usent sans profit dans ces tentatives aventureuses.

Tâchons d'analyser ces évolutions diverses avec le sang-froid et la droiture du théoricien le plus désintéressé; et pour cela rendons-nous d'abord compte de la nature même du corps social dans sa notion la plus simple et en même temps la plus scientifique.

Qu'est-ce qu'un peuple?... C'est un être collectif doué de toutes les conditions de la vie individuelle: être composé d'êtres humains, et par conséquent ayant nature humaine, et possédant ou du moins devant posséder l'unité de substance, la distinction de forme et la fécondité de vie, qui caractérisent l'être véritable: corps harmonieusement composé d'une tête qui pense et ordonne, d'un corps proprement dit, qui digère, assimile et reproduit, et de membres qui agissent, servent et obéissent sous l'ordre de cette tête et pour le bien de ce corps tout entier: famille en qui se retrouve l'élément paternel ou gouvernant, l'élément féminin ou producteur et subordonné, et l'élément filial ou agissant et servant de même pour le bien de la famille entière: plus que tout cela enfin, ressemblance agrandie, élargie, supérieure de l'être humain individuel et du premier groupe social formé par lui pour sa perpétuation, le peuple est un être complexe, une famille artificiellement organisée pour vivre d'une vie indéfinie, mais plus ou moins longue, suivant l'art et la bonne volonté qui auront présidé à sa constitution comme à son fonctionnement.

Un corps humain individuel est l'œuvre physiologique de la nature; une famille en est le laboratoire premier, institué et fécondé par Dieu même.

Il en est de même du corps social. Mais, bien que le Très-Haut ait « divisé lui-même les nations et posé leurs confins, » ce corps semble être abandonné par Lui à la seule action des causes secondes, c'est-à-dire du temps d'abord et des hommes ensuite; il monte ainsi, d'une ascension insensible, de la famille à la tribu, et de la tribu au peuple proprement dit. Mais il est avant tout une race, une langue et une religion, le tout implanté dans une terre fécondée par le travail de générations successives. L'esprit de tradition le commence, l'esprit de perfectionnement le développe, l'esprit de réforme le complète, et l'esprit de révolution le dissout et l'anéantit.

En tout cela brille la sagesse transmise et la sagesse présente, jusqu'à ce que les folles imaginations ou l'égoïsme désordonné viennent se jeter en travers. L'homme ou plutôt les hommes, en cette œuvre sublime mais périlleuse, ont donc pour guide l'expérience des ancêtres et leur bon sens ou leur mauvais sens personnel, et pour seuls agents apparents le temps et leur liberté.

Cette notion, à la fois analogique et pratique de la constitution d'un peuple, fait immédiatement comprendre combien est irréfléchie l'opinion de ceux qui prétendent qu'un peuple peut se transformer à volonté, et que son présent et son avenir sont absolument indépendants de son passé. Est-il besoin de le dire? les lois de la vie véritable n'admettent pas les changements subits, et rien dans la nature ne se fait par saut. Pour continuer notre comparaison première : les chênes, ces doyens séculaires de la vie végétale, ne se développent-ils pas sans bruit ni trêve dans leur essence inaltérée? Leurs feuilles peuvent bien tomber à chaque automne et se renouveler à chaque printemps; le tronc noueux, l'arbre en un mot, reste debout sur les mêmes racines en sa persévérante majesté.

De même aussi, l'homme individuel grandit et vieillit sans que rien change en lui dans la coordination de ses éléments essentiels : toujours la raison domine en lui l'imagination et le cœur; toujours sa tête mène le reste de son corps. C'est à peine si, à ses divers âges, une certaine prédominence variée réagit contre l'ordre de ses différentes facultés et de ses divers organes. Ces prédominances sont, en effet, transitoires, et tout se maintient nonobstant dans l'harmonie première, tout obéit en fin de compte à cette loi fondamentale qui fait que l'individu est et reste lui-même.

Ainsi doivent être les peuples : variables ou du moins renouvelables, si l'on veut, dans leurs formes extérieures, mais identiques et permanents dans ce qui intéresse leur forme constitutionnelle. Sans doute on ne peut prétendre que tout reste rigoureusement stationnaire dans un peuple; ce serait là une infraction à cette loi du progrès qui régit et domine toute chose ici-bas. D'insensibles changements dans les mœurs, de nouveaux besoins, la coutume, le temps, peuvent faire introduire des modifications dans la constitution d'un peuple, peut-être la transformer. Et si l'on fait la part du progrès, ne faut-il pas aussi faire, hélas ! celle des décadences?... Toutefois, ces changements lents, successifs et voulus n'ont rien de commun assurément avec la brutalité hâtive des changements révolutionnaires; ce n'est point la force destructive, c'est la force évolutive de la vie qui les accomplit.

Mais il serait contraire au bon sens de poser ce progrès en principe de destruction et de rénovation continues au sein de l'effroyable mobilité des choses humaines ; car ce serait évidemment une infraction à la loi de solidarité, qui, d'autre part, régit inévitablement les générations aussi bien que les individus.

La solidarité des temps n'est pas, en effet, moins réelle que celle des personnes. N'existe-t-elle pas entre les différentes époques de l'existence de l'individu lui-même? La jeunesse d'un homme ne domine-t-elle pas et n'explique-t-elle pas son âge mûr, comme son âge mûr sa vieillesse? Les différentes phases des familles n'ont-elles pas aussi une étroite connexion entre elles? Nous l'avons déjà dit plus haut : les contrats et les transmissions successives n'en constituent-ils pas d'âge en âge, de par la nature aussi bien que de par la loi, la charte, le lien et comme la chaîne nécessaires?

La société nationale est, à coup sûr, moins homogène que l'individu et même que la famille ; le lien qui l'unit est moins étroit et plus volontaire, car elle constitue la propre sphère, et la plus large, de la liberté humaine. Mais néanmoins on ne peut y nier la puissance des traditions sans la bouleverser de fond en comble. Que sont, en effet, les traditions, si ce n'est le résumé, la condensation, et comme l'épargne de la sagesse des différents âges d'un peuple, l'expression de son expérience continue, la constatation enfin de son tempérament politique et de sa capacité constitutionnelle?

Lors donc que les théoriciens de la démocratie se posent en adversaires systématiques du passé, ils devraient, ce nous semble, s'apercevoir qu'ils donnent un démenti à la nature des choses, et qu'ils sont de plus quelque peu imprudents; car, en rompant aussi rudement avec le passé, ils octroient par là même à l'avenir le droit de rompre à son tour avec leur présent tout réformé qu'il soit, c'est-à-dire avec cette forme gouvernementale républicaine qui leur est si chère et qu'ils proclament la forme unique et nécessaire des sociétés à venir. Ainsi ces sagaces politiques imaginent des arguments qui leur ménagent d'amères déceptions. On pourrait croire, je le sais, qu'ils ne les emploient que comme des machines de guerre pour s'emparer du pouvoir; tant, après le succès, ils se font d'ordinaire peu de scrupule de leur substituer la seule logique du nombre et même la force brutale, dernière raison de tous les despotismes!

Il est vrai que nous avons vu quelques uns d'entre eux poser gravement en dogme l'indiscutabilité du principe républicain et l'asservissement des majorités elles-mêmes à cette forme de gouvernement une fois établie. Ce n'était guère alors la peine, on l'avouera, de formuler si pompeusement la théorie de la souveraineté du peuple, de la liberté illimitée de discussion et de l'impuissance des générations à se lier les unes les autres. Voilà des docteurs fort habiles gens, quand il s'agit de s'immobiliser dans leurs éphémères utopies !

Ne nous laissons pas séduire par toutes ces théories, aussi contradictoires que prétentieuses, qu'invente à profusion l'esprit révolutionnaire de tous les temps et de tous les lieux. Tenons-nous-en au fait, de préférence à l'hypothèse, tout en cherchant à en dégager le droit ; car tout fait exprime ou nie une vérité sociale.

Pour bien compléter la notion d'un peuple, nous allons scruter son intime essence, analyser ses éléments distincts et permanents, et tâcher d'en préciser la loi.

CINQUIÈME ÉTUDE.

DU CHEF POLITIQUE, OU DE L'ÉLÉMENT GOUVERNANT.

Il est bien certain, ainsi que nous l'avons dit précédemment, que le peuple se distingue toujours en gouvernants et en gouvernés ; que le plus grand nombre est toujours gouverné par le plus petit, et que même, telle est la nécessité d'unité dans le commandement, c'est toujours en définitive un seul qui donne l'ordre et le fait exécuter ; ce qui, pour le dire déjà en passant, réduit à assez peu de chose ce qu'on est convenu d'appeler la souveraineté du peuple.

Ainsi, bon gré mal gré, quel que soit le nom qu'on impose au gouvernement d'une nation, qu'il se nomme royauté ou république, c'est toujours la forme primordiale ou monarchique qui prévaut : la nature des choses est évidemment plus forte que les systèmes, et régit à notre insu jusqu'à notre liberté. Le pouvoir militaire sur le champ de bataille et les dictatures au moment des crises républicaines ne sont-ils pas, du reste, la plus explicite reconnaissance de cette grande loi sociale ?.

Il faut donc que les démocrates s'y résignent, et ils s'y résignent assez volontiers, quand ils tiennent le pouvoir. Comme le brave M. Jourdain faisait de la prose, ils font de même alors assez résolument de la monarchie sans le savoir. Ils ont le commandement fort beau, et le *moi* impératif ne leur déplaît point; ils reconnaissent même sans peine que l'ordre et l'unité se confondent dans une notion identique, et que cette unité, si désirable et si féconde, ne peut résulter que d'*un* ordre donné par *une* tête ou un chef (car ces deux mots sont synonymes), et reçu et obéi par la masse ou le corps du peuple.

Cela est évident; mais comment se crée et s'institue cette tête sociale? qui la fait surgir et la maintient sur les sommets sociaux? Mystère immense, parce qu'il touche par en haut à la régie providentielle des choses humaines, et par en bas à l'indépendance incontestable de l'homme vis-à-vis de l'homme!

Il faut bien l'aborder pourtant; car c'est l'objet premier d'une des plus nobles sciences qui puissent passionner l'esprit humain.

La science politique est ballottée entre deux sortes de docteurs, trop souvent et très-mal à propos exclusifs les uns des autres, les *traditionalistes* et les *rationalistes*.

Les traditionalistes, préoccupés avant tout de l'ordre et de la stabilité sociale, incarnent ce Pouvoir nécessaire dans une race; et ils l'y vénèrent comme une chose placée par la respectueuse habitude des peuples au dessus de toute contestation par raison de salut social, en un mot comme un principe vivant et personnalisé, d'où tout ordre devra découler nécessairement. Le Pouvoir, à ce point de vue, se transmet héréditairement, sans interruption ni secousse; la nature, qui fait tout par succession insensible, étant ainsi chargée de débarrasser l'homme du danger de la compétition et du souci du choix.

Les rationnalistes, passionnés au contraire de liberté absolue et de native indépendance, proclament l'omnipotence de la masse populaire, et son droit comme son aptitude originels à s'organiser et se constituer elle-même. Selon eux, l'élection intelligente remplace avantageusement l'inconsciente transmission, et maintient la nation dans l'éternelle possession d'elle-même, dans la pleine responsabilité de ses actes.

Et ces deux écoles pensent avoir ainsi chacune résolu le problème de l'origine de la souveraineté. D'un côté, un porphyrogénète qui passe du berceau au trône ; de l'autre, un élu, hier simple citoyen, qui surgit de l'urne électorale au fauteuil présidentiel ou consulaire ; et le peuple qui, dans l'un comme dans l'autre cas, doit s'incliner et s'incline soit devant l'œuvre du temps et de la nature, soit devant celle du vote, c'est-à-dire du nombre.

Ce serait bien simple, trop simple en vérité pour être vrai d'une part ni de l'autre. La vérité est quelque chose de plus profond et de plus haut. Est-ce donc là le pouvoir en soi, le pouvoir radical et premier, la Souveraineté enfin ? et ne prend-on pas ici, sinon l'effet pour la cause, du moins la forme pour le fond, l'apparence pour la réalité ?

La nature du pouvoir souverain est plus reculée ; il redresse plus haut sa tête dans le nuage du mystère. Je vois bien la transmission, je comprends bien l'élection ; mais qui a prescrit l'une et règlementé l'autre ? Si d'une part il y a vote formel, n'y a-t-il pas de l'autre vote implicite et successif ?

Evidemment c'est l'idée patriarcale et traditionnelle qui a commencé d'être appliquée; car elle a sa source dans la paternité même, essentiellement primordiale, dans ce droit le plus sacré après celui de Dieu, puisqu'il en procède directement.

A l'origine, la puissance se transmit comme la masculinité et la primogéniture ; on l'accepta ou on la subit en tant que priorité et force naturelles, et on la maintint en tant que solution continue et paisible de cette question de souveraineté, dont le débat cause tous les orages et toutes les catastrophes des sociétés humaines.

Sans doute il y a dans ce système de perpétuation du pouvoir un élément de hasard et par conséquent une possibilité d'insuffisance accidentelle qu'on ne peut nier. Mais, comme tout ce qui est œuvre de nature, il recèle en même temps une vertu secrète et une sagesse profonde ; et le peuple en qui il est appliqué en doit grandement bénéficier, tant que la famille investie de ce haut devoir se maintient en cet état de supériorité native, qui lui a valu la foi et le respect des générations.

Les dynasties ont en effet toujours, quoi qu'on en dise, leur raison d'être ; sans cela, isolées et dépourvues de force coërcitive au milieu d'une multitude opposante, pourraient-elles donc régner même un seul jour ? L'hérédité et l'élection ont eu tour à tour l'honneur de désigner le Pouvoir. Or, en fait de chefs, et, nous l'avons dit, il y en a toujours un, les séries de chefs héréditaires ne présentent-elles pas dans l'histoire autant au moins de grands hommes et de grands patriotes que les séries de chefs électifs? et ces dernières sont-elles plus que les premières à l'abri des incapables et des monstres? L'élection, il est vrai, est consciente d'elle-même; l'hérédité ne l'est pas. Mais, suivant la loi du nombre qui la régit, l'élection n'aboutit le plus souvent qu'à une moyenne, c'est-à-dire une médiocrité; tandis que l'hérédité, régie par la loi naturelle de similitude dans les reproductions, fait habituellement bon ou mauvais, selon son point de départ. Ceci est le vrai dégagé de toutes les déclamations passionnées en sens contraire qui se débitent sur ce sujet. La nature est réglée; l'intelligence et la volonté des multitudes ne le sont pas.

Il est donc juste de reconnaître que les fortes races sont plus homogènes qu'on ne le pense dans leurs multiplications successives. Il est bien entendu qu'il n'est question ici, comme nous le disions plus haut, que des vraies races monarchiques séculaires, et non de ces monarchies électives ou d'accident révolutionnaire, qui ne sont que les contrefaçons ridicules ou malfaisantes de la royauté véritable. Les démocrates s'y trompent souvent, et ne devraient pas s'y tromper.

Quoi qu'il en soit, tout va bien tant que chacun, roi et peuple, fait son devoir, et que la liberté a toutes ses légitimes garanties. Mais si le caprice égoïste remplace la bonne volonté éclairée dans l'un, et l'esprit raisonneur la soumission raisonnable dans l'autre, alors le conflit éclate : les droits s'irritent, les devoirs s'oblitèrent de part et d'autre ; et tôt ou tard la révolution désordonnée, peut-être sanglante, décapitant la nation, la plonge sans pitié dans ce chaos redoutable, où le pouvoir, renversé mais immortel, est disputé entre les plus violents et les plus indignes, où les abus qui ont provoqué la crise sont remplacés par des abus plus criants encore, où les vices enfin sont expiés par les ruines.

Or, à ce moment de perturbation suprême et de fermentation ardente, un immense besoin d'ordre s'empare subitement de tous les éléments, même les plus surexcités, du corps social ; car à ce corps tronqué, c'est-à-dire sans tête, il en faut une, tout aussi bien qu'au corps humain lui-même.

Alors vite une urne, vite un vote pour savoir à qui écherra ce grand rôle.

Mais ce procédé électoral, si solennel, si prétentieusement constituant, est assez loin d'être tout ce qu'il affirme être, et de donner tout ce qu'il promet.

Il a beau prétendre, en effet, à l'initiative ; il n'est que secondaire, et ce qui le précède nécessairement le vicie radicalement. Tant est grande en effet la nécessité de priorité pour l'ordre, que déjà même, avant ce suffrage, prétendu universel et souverain, un pouvoir provisoire a surgi, qui s'est inauguré lui-même de par son audace et l'acclamation de la moindre et de la moins estimable partie du peuple : pouvoir issu de la violence, souvent du crime, et cependant pouvoir qui sera le seul principe réel de cet ordre social nouveau, puisque c'est lui qui va régler souverainement les conditions de l'électorat et du vote duquel tout doit sortir. La loi d'élection dominera tout ; selon qu'elle sera sincère ou machiavélique, selon qu'elle s'adressera à l'intelligence ou à la passion, selon qu'elle facilitera, extorquera ou escamotera le vœu national, le pouvoir définitivement élu sera bon ou mauvais, libéral ou tyrannique, sérieux ou ridicule ; mais dans tous les cas ce pouvoir ne procédera de la nation que de seconde main, et le sceau de violence originelle de ses auteurs souillera toujours plus ou moins son front.

Tel est, dans toute sa précision logique, le suprême effort du système rationnel touchant l'origine du Pouvoir.

A coup sûr, au point de vue purement pratique, je ne critique point ce mode de procéder. Après le renversement, l'anéantissement du Pouvoir traditionnel, on ne pouvait faire autre chose que de convoquer le peuple en ses comices; et, tout en passant sur l'irrégularité dictatoriale de la convocation, il était tout naturel que le peuple fût provoqué à prononcer cette phrase solennelle qui constitue, à vrai dire, le plus clair de sa souveraineté : *Nous voulons* ou *nous ne voulons pas qu'un tel règne sur nous.*

Mais cela résout-il la question de l'origine du Pouvoir? En creusant ce sol révolutionné, avons-nous atteint le tuf?... Non, mille fois non; il y a toujours entre deux l'émeute constituante, qu'on abstrait sans façon, mais qui est évidemment le germe de tout ce qui s'ensuit.

D'ailleurs, le pouvoir souverain résiderait-il, répétons-le, dans ce peuple qui ne *peut* l'exercer, ou ne l'exerce que pour l'abdiquer et le subir? On dit bien, pour colorer la chose, que le peuple *délègue* sa souveraineté. Théorie creuse plutôt que rationnelle! Déléguer une souveraineté vraiment possédée, et la déléguer sur soi-même! Mais, si cela était réel, ne serait-ce pas le comble de la déraison et de l'imprudence? Singulier souverain, en vérité, que celui qui donnerait ainsi droit de vie et de mort sur lui-même!

Sans doute on peut déléguer, on délègue souvent son pouvoir à un tiers pour l'exercer sur autrui; mais sur soi-même est-ce compréhensible? Que pour une affaire d'intérêt encore un certain nombre d'hommes se nomment un gérant, qui agira au nom de tous vis-à-vis des tiers et pourra engager l'avoir commun, cela se conçoit. Dans ce cas, en effet, les délégants restent en dehors, de leurs personnes, et n'aliènent que l'administration d'une chose ou de leurs droits matériels; tandis que, dans la prétendue délégation politique, c'est l'abdication de tout soi-même, un vrai suicide de puissance. Et c'est là pourtant la plus sérieuse explication de cette spécieuse théorie de la souveraineté populaire!... J'avoue très-humblement que mon esprit, sans doute par infirmité de nature, se refuse opiniâtrement à la comprendre.

D'autre part, pour que le Pouvoir procédât pleinement du peuple, n'y faudrait-il pas l'unanimité des suffrages? car autrement la minorité ne serait-elle pas en droit de se prétendre tyrannisée et d'éternellement revendiquer son droit souverain? Et que dire si les suffrages se balancent, ou si la minorité est de la moitié moins un? Dira-t-on alors que c'est la majorité qui constitue le peuple, et que seule elle a le droit de faire la loi et de déléguer le Pouvoir? Mais qui ne voit que cette raison n'est qu'un artifice de langage, pour dissimuler la prééminence brutale du grand nombre sur le petit? Le nombre ne raisonne pas, il s'additionne, il s'impose et il écrase; le nombre, c'est la force; et la force peut *forcer*, tuer même; elle peut aussi défendre, mais elle ne saurait jamais créer le droit. Avec le droit, au contraire, un seul est fort contre tous. « Les enfants même dans le berceau sont forts, » dit splendidement Bossuet.

Le vote n'est donc qu'un mode de désignation nécessaire de celui qui est ou paraît-être le plus apte à gouverner; et la délégation n'est qu'une sorte de phraséologie décevante, imaginée pour flatter le peuple et lui faire accroire qu'il est le maître de celui à qui il est *forcé* d'obéir.

Il en résulte que l'élu qui s'en prévaut n'a pas plus de droit à commander et à être obéi que le roi héréditaire; et que, pour se rendre compte de l'origine des rapports de ce Pouvoir avec ses subordonnés ou *sujets* (termes en réalité synonymes!), il est indispensable de remonter, de même que pour l'autre, à Celui qui est la souveraineté même, et de qui « procède toute paternité au ciel et sur la terre, » c'est-à-dire à Dieu.

Nous avons, dans une précédente Etude, assez solidement prouvé, croyons-nous, qu'il y a un droit divin pour le pouvoir républicain comme pour le pouvoir monarchique, et qu'il n'y a entre les souverainetés de différence que celle de leur désignation, désignation qui dépend naturellement de l'esprit et des goûts des peuples, les uns préférant les calmes allures de la transmission héréditaire, les autres les allures en apparence plus fières, mais en réalité plus orageuses, de l'attribution élective. Du reste, questions de forme plus que de fond; car, quelle que soit son origine, qu'il sorte du berceau de porphyre ou de l'urne démocratique, le pouvoir est le même à peu de chose près : il a le premier mot, ou du moins le dernier lui reste toujours; et, chose à noter! les plus despotiques Pouvoirs ne sont pas toujours ceux qui relèvent le moins du vote populaire. On pourraît même soutenir, sans redouter le reproche de paradoxe, que le pouvoir héréditaire est le plus favorable à la liberté et le moins apte au despotisme, parce qu'une dynastie n'est une force qu'autant qu'elle est une foi, et qu'elle n'est une foi qu'autant qu'elle la mérite; tandis, au contraire, que le pouvoir électif, puisant dans le chiffre même de ses électeurs une puissance en quelque sorte mathématique, est d'ordinaire écrasant comme le nombre; et comme le nombre, irresponsable.

Enfin, d'où qu'il procède, il faut toujours que le Pouvoir ait droit à l'obéissance; or, il ne l'obtiendra qu'en s'adressant à la conscience, et là est la plus forte preuve de son caractère divin. De deux choses l'une, en effet : ou le Pouvoir oblige en conscience, et alors ce n'est pas l'homme qui peut engager la conscience de l'homme; ou il n'oblige pas en conscience, et alors, ne s'agissant plus que d'une affaire de force, il n'y a pas plus à discourir sur ces choses que sur le droit du berger de conduire ses moutons au pâturage ou à l'abattoir!

On voit combien sont grands et peu raisonnés les préjugés de la plupart des hommes sur la valeur relative des divers Pouvoirs au point de vue de la tyrannie : je ne dis pas de l'absolutisme, car en ce bas monde humain, si les idées ou principes sont nécessairement absolus, les faits ne le sont jamais; et aucun Pouvoir n'existe qui n'ait sa barrière, sa digue, ou, pour mieux dire, son contre-poids. Ce contrepoids est légal ou extra-légal, pacifique ou violent; mais, juste ou injuste, il entre nécessairement dans les prévisions du penseur, car l'homme se défend toujours assez mal des enivrements de l'omnipotence.

Nous avons vu quelle était la forme de gouvernement qui équilibrait le mieux toutes les forces politiques, et les employait le plus sagement dans l'intérêt de l'harmonie sociale.

SIXIÈME ÉTUDE.

DU PEUPLE PROPREMENT DIT, OU DE L'ÉLÉMENT GOUVERNÉ.

Nous voici fixés sur la tête du corps social; nous savons comment elle se forme et se reproduit. Il est temps de passer au corps proprement dit lui-même, c'est-à-dire à cette partie du corps social qui n'est ni la tête qui commande, ni les membres qui le servent, mais qui, de même que la partie correspondante dans le corps humain, est l'atelier où se produisent et se renouvellent les agents de circulation et les forces d'action, destinés à conserver, à développer et à reproduire le corps social tout entier.

La division des fonctions est la loi de la vie collective comme de la vie individuelle; car la vie collective n'est qu'une individualité complexe. Aussi, comme la puissance est localisée dans la tête sociale, ainsi le travail productif le sera dans le corps, de même que plus tard nous verrons l'action fonctionnelle localisée dans les membres.

Le principe organisateur du corps social sera (le mot le dit assez) la *corporation*. Tout corps vivant se compose, en effet, de groupes d'organes coordonnés à une fin commune, mais essentiellement distincts par leur forme et leur destination. Une agrégation sociale, pour être un vrai peuple, doit donc être (qu'on me passe ce mot) *corporifiée :* tout doit y être groupé en petits corps distincts, inscrits et coordonnés au grand corps dont ils font partie. Et quand nous disons : *doit y être groupé*, nous n'entendons nullement un groupement imposé et surtout officiel. Non ; nous ne faisons qu'affirmer une loi intime d'organisation naturelle, qui doit régir les actes spontanés d'une société en voie de formation. Il y faut laisser agir simplement la nature des choses. Ces efforts de corporification doivent donc être libres ; et le seul mais rigoureux devoir de l'autorité est de les favoriser en les respectant, bien loin, comme elle le fait souvent, de les gêner et même de les proscrire. Il va sans dire néanmoins que le Pouvoir se doit toujours préoccuper du rapport de ces corporations avec la paix et l'ordre ; et c'est aussi pour cela qu'elles doivent toutes être publiques elles-mêmes.

Un peuple qui n'est pas ainsi constitué n'est pas un vrai peuple. Ce n'est qu'une masse d'éléments individuels non agrégés ou désagrégés, incapable de toute cohésion et de toute formation harmonieuse et vivante ; et, comme ces éléments sont d'autre part doués d'intelligence, de volonté et d'initiative, ils sont, en plus, nécessairement désordonnés et turbulents, parce qu'aucun intérêt particulier mis en commun ne les a familiarisés avec l'intérêt suprême du corps social. En d'autres termes, un tel peuple n'est point un monument construit suivant les lois de l'équilibre et de la beauté ; c'est un monceau de poussière humaine, aride, infertile, et tourbillonnant sous le caprice des moindres orages.

La constitution par corporation est, au contraire, une condition inestimable de puissance productive et ordonnée, car elle additionne les forces, tandis que l'individualisme les divise ; et elle est par là même une garantie de liberté, car elle groupe les légitimes résistances, tandis que l'individualisme les éparpille jusqu'à l'atome. Dans cet ordre d'idées et de faits, le travail se fait respecter; il discute ses justes droits sans luttes, sans crises industrielles ; il est à lui-même son patron, et il l'est avec intelligence et sagesse, échappant naturellement à toutes les violences brutales et irraisonnées, que provoquent habituellement les exigences du travail individuel.

Les coalitions ou grèves sont loin de procurer à l'ouvrier de tels avantages. Issues de prétentions exceptionnelles et de réactions longtemps comprimées, elles sont de même inévitablement excessives; résultant de griefs justes ou non, elles ont la passion pour écueil certain, et ne peuvent tendre aux solutions pacifiques et profitables, comme ces corporations calmes et puissantes, qui sont aussi intéressées à l'ordre public que dévouées par leur institution même à la défense des droits de tous leurs membres.

Au point de vue politique, l'ordre corporatif favorise encore la représentation sérieuse, dans les conseils de la nation, de l'intérêt des corps d'état, si intimement lié à l'intérêt social ; il permet seul, en effet, des élections de mandataires véritables et parfaitement connus de leurs mandants ; tandis que, dans l'ordre social individualisé, l'électeur ne peut choisir qu'un mandataire presque toujours étranger à son industrie, souvent à sa région, et qui, devant être le représentant de tous les intérêts les plus divers, ne l'est en réalité d'aucun.

Les faits confirment ces idées : l'Angleterre, c'est-à-dire le pays où fleurit du reste la liberté d'association la plus large, où le travail national est le plus productif, est en même temps un pays où la corporation est toujours en honneur. Plus apparente, il est vrai, que réelle, elle y conserve néanmoins tout son prestige. Tous les genres d'industrie ont la leur; chacun y aspire; et les plus grands personnages de l'Etat, les membres mêmes de la famille régnante ne dédaignent pas de solliciter l'honneur d'en faire partie, pour mettre à leur service leur zèle et leur influence. Cet honorariat constitue en outre une sorte de terrain neutre sur lequel se rencontrent toutes les conditions et tous les rangs sociaux, où se provoquent toutes les sympathies, où s'effacent toutes les préventions, où se conjurent toutes les haines de classe à classe. Enfin toutes ces corporations, déjà hiérarchiquement constituées en elles-même, élisent de plus leurs représentants directs, qui vont siéger en leur nom au parlement, pour y défendre leurs intérêts et y participer à l'œuvre législative elle-même.

Dans les pays, au contraire, où l'industrialisme individuel a été substitué à cette organisation savante et protectrice, l'antagonisme haineux des classes a remplacé leurs rapports bienveillants; et les associations secrètes et révolutionnaires, les associations publiques et organisatrices. Car il faut de toute nécessité au peuple cet élément de vitalité sociale : c'est sa condition d'être essentielle; et quand, à cet égard, le légitime et le permis lui manquent, il glisse naturellement dans l'illégitime et le coupable.

Le droit d'association ou de corporation est donc, dans les sages limites de la loi morale, de la loi politique et de la loi religieuse, un droit naturel, qui doit pouvoir s'épanouir au plein soleil de la liberté, et que les pouvoirs humains ne sauraient interdire ou gêner sans faire acte de tyrannie et sans compromettre la sécurité sociale.

C'est alors, en effet, que se fondent ces associations dangereuses qui, se cachant comme celui qui veut faire le mal, constituent une société dans la société, un Etat dans l'Etat. Bizarres composés de despotisme mystérieux et de servitude volontaire, foyers ordinaires des révolutions, on dirait de ces maladies du corps humain, qu'on n'ose également nommer, et dont l'ordinaire résultat est de vicier le sang, altérer les humeurs et se révéler finalement au dehors par d'épouvantables ulcères.

Si l'on y veut bien prendre garde, l'Eglise, à ce point de vue, en ouvrant aux âmes ardentes, malades et délaissées ses asiles, ses cloîtres, ses sanctuaires, sauve, sans qu'on s'en doute assez, la terre au profit du ciel. Il y aurait beaucoup à dire sur le caractère éminemment social des associations religieuses, sur leur régime électif égalitaire, leur utilité économique, leur but d'enseignement, d'études ou de charité, but humain poursuivi sans relâche par les moyens divins de la retraite, de la prière et du renoncement. Ces choses seules, — sans parler des grandeurs exceptionnelles de la vie contemplative, dont le Maître de la vie a dit que c'en était la meilleure part, — font de ces associations des ressorts sociaux nécessaires, aux yeux de tous ceux que n'aveugle pas une impiété systématique. Mais ce sujet est trop vaste pour notre cadre. Ce qui précède suffit pour justifier leur place dans la société et y sauvegarder leurs droits à l'égal des corporations civiles proprement dites.

Toutes ces corporations constituent donc, au double point de vue de la société religieuse et politique, le nécessaire, ingénieux et compliqué mécanisme de cette partie du corps social en qui doit s'accomplir l'œuvre multiple, à la fois conservatrice et progressive, de l'industrie nationale. L'analogie avec la partie du corps humain où se trouvent réunis tous les organes de digestion, d'assimilation et de reproduction, c'est-à-dire tout le travail intime et fécond de l'être, subordonné aux ordres de la tête et à l'action des membres, cette analogie, dis-je, est tellement saisissante, qu'elle parle aux yeux et à l'imagination autant au moins qu'au pur entendement.

On ne saurait donc contester cette loi de *corporation*, qui est la loi propre de la vie et de la conservation des sociétés, comme elle est la raison d'être de la liberté et de la subordination de cette partie importante du corps social.

Les corporations avaient encore l'incontestable avantage de pousser à leur perfection relative tous les arts que chaque industrie employait pour réaliser ses produits, et cela par les conditions d'intelligence et d'habileté manuelle, qu'elles exigeaient des membres pour leur admission.

Ce fut donc un acte bien irréfléchi et peu intelligent que celui du gouvernement français de la fin du dernier siècle, qui décréta l'abolition absolue de toutes les corporations ouvrières et plus tard de tous les ordres religieux. Les hommes de cette époque, affolés de résolutions réformistes, plus empressés de détruire que d'édifier, scandalisés enfin des déviations de certaines de ces corporations et associations de leur esprit primitif, s'en prenaient étourdiment à la chose quand il ne fallait s'en prendre qu'à l'abus. L'égoïsme des corporations en était venu à méconnaître la liberté du travail individuel ; on y répondit en supprimant la liberté de la corporation. Il était plus logique, ce semble, de proclamer et garantir la liberté de l'un et de l'autre. Où il fallait correctement réformer, on trouva plus simple de brutalement détruire ; et la manie de la destruction, gagnant de proche en proche, atteignit bientôt toute espèce d'association, et jusqu'à la grande corporation sociale elle-même, plus solidaire qu'on ne le pense de toutes celles qu'elle porte en son sein.

La Révolution, qui crie si fort contre la réaction, n'est elle-même le plus souvent qu'une réaction aussi maladroite que désordonnée.

Telle est, ou plutôt telle doit être, la constitution complexe de la masse subordonnée, du corps social en un mot.

Mais est-ce là tout ? Une tête et un corps suffisent-ils pour constituer un être parfait et pleinement organisé ? Non, assurément : il posséderait bien l'organe du gouvernement d'une part, et de l'autre ceux de nutrition, d'assimilation et de reproduction ; mais il serait encore dépourvu des organes de l'action, c'est-à-dire du service dévoué à la tête et au corps : service sans lequel un être ne pourrait ni se gouverner, ni se conserver, ni se défendre, et grâce auquel, au contraire, il est en quelque sorte armé de pied en cap pour accomplir l'œuvre d'administration ou de résistance, et marcher d'un pied ferme dans la voie d'un progrès aussi sage que résolu.

En d'autres termes, il faut à cet être des membres pour exécuter les ordres de la tête et pour sauvegarder et protéger le corps.

SEPTIÈME ÉTUDE.

DES MEMBRES DU CORPS SOCIAL, SOIT DE L'ÉLÉMENT SERVANT OU MINISTÉRIEL.

Oui, dans l'ordre des idées d'analogie avec le corps humain individuel, il est évident que le corps social doit avoir des membres spécialement destinés à le servir.

L'analogie est encore plus frappante avec la famille. Dans cette société naturelle et primitive, les enfants sont la double procession du père qui en est le chef et de la mère qui en est la subordonnée laborieuse et féconde ; ils en sont le lien vivant, c'est-à-dire les membres actifs et dévoués ; leur ministère y porte même le nom sacré de *piété filiale.*

Or, ce qui est rivé dans l'organisme de l'individu, ce qui résulte des lois mêmes de l'humaine reproduction dans la famille, ne peut pas ne pas être une réalité telle quelle dans la société nationale. Quelque libre et artificielle que soit la formation de cette dernière, la loi des semblables veut qu'elle ait, bien que dans d'autres conditions, les mêmes éléments que ses germes nécessaires, que son double type en un mot.

Il existe donc, il doit exister dans tout Etat un certain nombre d'hommes distincts du peuple proprement dit, distincts aussi du chef, mais procédant de l'un et de l'autre : catégorie d'hommes, du reste, éminemment pénétrable, plus ou moins constituée, suivant la nature de la civilisation de ce peuple, ses traditions, ses goûts, ses mœurs, mais essentiellement issue du peuple proprement dit et instituée par le chef, et dont la destination spéciale est d'être particulièrement dévouée au service public pour le bien social.

Cette déduction tend à modifier quelque peu la doctrine démocratique qui, promenant le niveau de l'égalité la plus radicale au dessus de toutes les têtes, veut trop despotiquement, à notre avis, que tout citoyen soit apte de nature et spontanément au service public. Devrons-nous encourir pour cela cette accusation d'aristocratie, que fulminent si facilement les susceptibilités nerveuses des démocrates? Nous ne le pensons pas, car nous n'entendons exclure personne des grandeurs fonctionnelles : chacun y peut avoir accès à son heure ; c'est notre droit public moderne, et nous n'y contredisons point. Seulement la nature qui n'est ni aristocratique ni démocratique, règle d'ordinaire les choses malgré nos lois, suivant les siennes : on ne peut donc faire les honneurs de celles-ci par calcul de popularité. Aussi est-ce à leur seul flambeau que nous allons scruter et traiter cette délicate et importante question. Elle relève tout à la fois de l'histoire et de la théorie.

Il semble établi par l'histoire que, chez tous les peuples tant anciens que modernes, le service ou ministère social a toujours été le fait spécial de quelques hommes plus ou moins nombreux, sortis du sein du peuple et agréés ou institués par le chef, et que le plus souvent ce ministère s'est immobilisé peu à peu dans la race, par l'accumulation de cet esprit de suite et de dévouement, que l'habitude indéfinie transforme en une seconde nature.

Il est certain encore que les peuples qui ont le plus marqué dans le monde, dont la politique a eu le plus d'énergie et de grandeur continues, sont ceux qui ont eu un corps de ministres ou serviteurs notables continués par l'hérédité, et que les peuples en qui le ministère susdit a été plus individuel, plus rigoureusement électif et plus changeant, tout en présentant de beaux services dans leurs fastes en de certains moments de crises patriotiques, ne peuvent se prévaloir d'autant d'hommes éminents, de mœurs politiques aussi suivies et d'esprit national aussi tenace. A tous ces points de vue, l'aristocratie, même la plus abusive, ne paraît avoir rien à craindre de sa comparaison avec la démocratie la plus pure. La pairie monarchique anglaise et la grandesse espagnole encore plus monarchique, pas plus que les patriciats républicains de Rome et de Venise, n'ont assurément, au point de vue de l'intelligence et du dévouement au bien public, à s'incliner devant les grandeurs démocratiques anciennes et modernes les plus admirées.

Mais, à vrai dire, il ne s'agit ici ni d'aristocratie, ni de démocratie : nous en verrons plus tard la raison. Il ne s'agit non plus ni d'ancien régime, ni de nouveau ; il s'agit simplement de l'éternel bon sens dans la détermination de cet élément ministériel ou servant, dont la nature flotte entre la notabilité transmissible et la notabilité personnelle.

La noblesse ne serait donc autre chose que la notabilité des races dans l'Etat : ces deux mots, l'étymologie l'affirme, sont synonymes. Or, qu'elle soit officiellement constituée ou qu'elle ne gise que dans l'opinion, cette notabilité est d'ordinaire la pépinière du ministère social; et elle s'établit par la force des choses, comme une conséquence naturelle de la liberté.

Cette idee semble paradoxale au premier abord; et pourtant elle se déduit en quatre paroles : la liberté et l'égalité, en effet, sainement entendues, s'excluent presque nécessairement; car, l'usage de la liberté variant selon les aptitudes et les volontés, les résultats de cet usage devront varier également; et un temps viendra où les races les plus laborieuses et les plus saines, les meilleures en un mot (αρισται), seront en même temps et les plus notables, et les plus riches, et les plus honorées.

La notabilité est, d'autre part, indestructible; elle est l'aspiration des plus hautes âmes; et elle est utile dans l'ordre social, ne fût-ce que pour y constituer un bien d'ordre supérieur à celui de la simple richesse.

D'accord pour la personne, dira-t-on; mais pourquoi la transmission de la notabilité à la race? Pourquoi?... Parce que c'est un fait et un fait continu, et qu'un fait de ce genre ne se peut effacer de la mémoire des hommes. Pourquoi encore? Parce que le fils, en général, hérite de son père; qu'il en doit hériter le bien comme le mal, l'honneur comme la honte, la richesse comme la pauvreté, le sang pur enfin comme le sang vicié et corrompu. La notabilité est la propriété native de l'être; et la transmission de la propriété est, quoi qu'on dise, le droit le plus naturel de la liberté. La tradition ou transmission est évidemment la loi des êtres successifs ; et la continuation de l'être humain par voie d'hérédité est un fait de famille et d'Etat, que, malgré tous les sophismes subtils de la passion politique, les hommes sérieux reconnaîtront toujours comme la pierre angulaire de tout édifice social durable.

Que ces transmissions, au surplus, fussent réglementées par la loi ou simplement par l'opinion ; que l'esprit d'une liberté sagement égalitaire les empêchât de dégénérer en un privilége choquant ; en d'autres termes, que le descendant dût déchoir de ce rang d'honneur quand il s'en rendrait indigne, comme ses pères y étaient montés par leur mérite et leurs services ; enfin surtout que cet ordre fût perpétuellement pénétrable et largement renouvelable par tous, au moyen d'un mouvement continu de bas en haut et de haut en bas, qui fît monter les bonnes races et descendre les dégénérées : cela, dans l'hypothèse d'une noblesse officiellement instituée, devrait être de rigueur, pour que l'institution ne périclitât pas, qu'elle restât en harmonie avec l'esprit politique moderne, et qu'elle fût aussi utile à la société dans le présent et l'avenir, qu'elle lui aurait valu dans le passé de distinction et de grandeur.

Or, cela est à peu près complètement réalisé dans cette fière et libre Angleterre, qui n'a pas cru que la hiérarchie la plus stricte offensât la dignité et entravât le progrès : noble pays, où des mœurs graves et un sens pratique admirable maintiennent le respect et l'estime entre tous les rangs sociaux, et ne prennent jamais pour auxiliaires des réformes de la loi ces haines aveugles et ces réactions implacables, qui compromettent habituellement le progrès dans certaines démocraties, plutôt passionnées de service public que sérieusement égalitaires.

C'est, du reste, au défaut de réglementation et de pénétrabilité de la noblesse qu'il faut attribuer son altération, son avilissement, les sottes falsifications dont elle est si souvent l'objet, et l'impopularité qui la ronge et la déracine du sol social. En cet état, elle risque de n'être bientôt plus qu'un vain prétexte d'amour-propre, d'oisiveté et d'insolence, justiciable des rigueurs de l'opinion, comme toute institution sans raison d'être, comme tout honneur sans devoir corrélatif.

Mais il faut comprendre que cet état est anormal, et qu'il est en contradiction avec les aspirations et les droits de toutes les races, même les plus humbles, à cette initiation politique, qui doit être chère à tous les grands cœurs ; car elle n'est en fin de compte, si l'on y veut bien prendre garde, qu'un ennoblissement de l'homme en un autre et par un autre lui-même, qu'une marche triomphale des générations, de toutes les générations humaines, dans la voie d'un progrès où ne restent en arrière que les incapables ou les indignes.

La vraie notabilité ou la noblesse est l'expression de ce mouvement ascensionnel nécessaire de l'homme par la race, et de son utilisation dans la société au double point de vue du bien de l'Etat et de sa gloire. Une société ne semblerait donc pas trop déraisonnable, si, au lieu de le dédaigner, elle savait s'emparer de ce moyen et l'employer à son profit, comme le plus grand stimulant de vertus patriotiques, que l'art gouvernemental ait mis en œuvre de tout temps et avec un incontestable succès.

Ces idées si simples et si logiques sont, du reste, moins en opposition qu'elles ne le paraissent avec celles de notre temps. Quelque belle théorie radicale dont on fasse ostentation, le fond des choses n'est pas sensiblement changé. Le recrutement du ministère public, pour n'être plus exclusivement emprunté à la catégorie des notabilités anciennes, n'en est pas moins le résultat d'un choix ou d'une élection, c'est-à-dire d'une distinction ou notabilité personnelle reconnue ; et, si l'on s'adresse le plus souvent pour cela au seul mérite, il n'est pas rare non plus de voir les plus fervents partisans de la doctrine égalitaire se prononcer de préférence pour les candidats, que recommande à leurs yeux un nom déjà rendu fameux par un ancêtre aux époques démocratiques de notre histoire. Cette notabilité ou noblesse de convention, comme on l'a nommée si spirituellement, conquiert les plus rebelles ; ils se laissent ainsi dominer involontairement eux-mêmes par ces proverbes gothiques de *Noblesse oblige* et *Bon sang ne peut mentir*.

Le passage de la vie privée à la vie publique, c'est à dire du sentiment des intérêts personnels à celui des intérêts généraux n'est point aussi facile qu'on le pense. Sauf d'assez rares exceptions, qui attestent glorieusement l'égalité de nature entre les hommes, une seule vie n'y saurait toujours pleinement suffire. Les ascensions trop brusques donnent le vertige ; et il faut se faire peu à peu à toutes les extrémités des choses, à la grandeur comme à la misère. Disons-le même à l'excuse de la pauvre nature humaine : la spontanéité des fortunes politiques explique, hélas ! mieux que tout le reste les excès, les folies, les crimes qui, si souvent aux temps de révolution, épouvantent le monde.

Concluons-en que l'idée de la notabilité ou noblesse est bien l'idée-mère du ministère social; que l'élection en est le point de départ plutôt que la négation; qu'un élu, un *nommé* est un homme qui commence à avoir un nom, à prendre pied dans la notabilité par l'entrée dans la classe ministérielle; et que cette classe, plus ou moins déterminée, qui devient ainsi à la longue la réserve du ministère où puisera le plus souvent le Pouvoir, ne doit exister qu'autant qu'elle soit pénétrable, sérieusement pénétrable par tous les talents, tous les génies, tous les grands caractères que peut produire incessamment le peuple tout entier, et qu'elle soit maintenue à l'état de service permanent et plutôt généreux que profitable à celui qui l'accomplit.

Il faut en effet que le service public soit un devoir et une charge plutôt encore qu'une carrière et un métier; il faut qu'il soit recherché pour l'honneur qu'il confère, plutôt encore que pour le bénéfice qu'on en doit obtenir.

Il serait d'ailleurs assez peu patriotique, sous prétexte de chimériques théories, de ne se préoccuper à cet égard que des droits individuels et nullement de l'intérêt général. Au point de vue d'une saine politique, la question n'est pas tant que tous puissent s'asseoir à l'envi au banquet d'un budget splendide, qu'elle n'est que le pays soit habilement, honnêtement et économiquement administré par ceux qui lui offriront le plus de garanties de savoir, de droiture et de retenue. Et, certes, les capacités sont moins nombreuses que les prétentions!

Que l'accession de tous, oui, de tous, aux fonctions publiques, soit libre et pleine, nous l'avons dit, c'est là le droit moderne, c'est-à-dire la plus fière comme la plus légitime expansion du droit civique; mais qu'elle soit à ce point favorisée et exagérée, que des avantages pécuniaires soient nécessairement attachés à toutes les fonctions au détriment même de l'intérêt social bien entendu, c'est ce qui ne se peut admettre. Sans doute il est juste que toute capacité puisse suivre sa voie, que l'Etat puisse l'utiliser, et que le ministre politique vive honorablement de sa fonction, comme le ministre religieux doit, selon saint Paul, vivre austèrement de la sienne. Mais cela fait-il obstacle à ce que la fonction publique ne soit pas donnée en pâture à des appétits ignorants et serviles autant que faméliques, que parfois même son indépendance rende désirable sa gratuité, qu'elle reste, en un mot, avant tout, le service de l'intelligence et de l'honneur, naturellement déféré par conséquent à ceux dont l'esprit et l'âme sont le plus capables d'en respecter et d'en suivre les lois, et dont la fortune acquise double le mieux le caractère d'indépendance et de désintéressement? Aristote lui-même, tout citoyen qu'il est d'une démocratie où les électeurs mêmes sont payés, ne craint pas de dire « qu'il faut des gens libres et qui aient de la fortune pour *soutenir* les *charges* (1). »

Mieux encore, à ce point de vue supérieur et dans l'ordre même d'une notabilité légalement constituée, il faudrait que le plus grand, quelque utile et dévoué qu'il fût, ne se considérât jamais que comme le serviteur du plus petit, et qu'en général toute supériorité ne tendît qu'au sacrifice de soi aux autres; car le

(1) Polit., III, 13.

sacrifice est le mot d'ordre chrétien de tout ministère et de tout service. Oh ! que dans cette voie nouvelle il resterait peu à l'égoïsme de l'humaine ambition, et combien serait merveilleusement ordonnée une société, où la grandeur ministérielle revêtirait une si noble livrée !

En dehors de ces conditions essentielles d'activité, de milice sociale et de pénétration continue, un corps de noblesse dans un peuple ne serait, il faut bien le reconnaître, qu'une usurpation misérable de l'amour-propre de quelques uns sur la dignité de tous, qu'un groupe chétif de brahmines superposé sans raison à un vaste peuple de parias ; et il est bien évident que ce peuple, au nom du principe de mieux en mieux compris de l'égalité chrétienne des âmes, aurait plein droit alors de dire avec l'humble Vierge de Nazareth : *Dieu a fait descendre de leur siége les puissants, et il a exalté les humbles.*

La noblesse de notre pays présente encore une élite de grandes âmes admirablement prédisposées aux plus beaux dévouements militaires : notre dernière malheureuse lutte en a été illustrée ; heureusement douées, d'autre part, des dons de l'intelligence : nos corps savants et notre haute littérature en font foi ; naturellement aptes enfin aux fonctions publiques et aux mandats parlementaires : nos ministères s'en honorent, et notre tribune en garde d'éloquents témoignages. Mais, en tant que corps constitué, constamment battue en brèche par les lois et surtout par les mœurs, elle semble ne plus exister : à beaucoup elle paraît ne plus être qu'une vanité surannée, quand elle n'est pas un ridicule récent. Ainsi, dépourvue d'un recrutement réel et sérieux, elle se voit d'une part envahie par les larrons de noblesse qui la déconsidèrent, de l'autre assiégée par les jalousies déguisées en doctrines qui la dépopularisent; et elle attend, dans une attitude fièrement résignée, ou son renouvellement par la plus libérale des expansions, ou sa suppression radicale.

Assurément l'établissement, comme au beau temps de la sérénissime république de Venise, d'un Livre d'or régulièrement tenu et maintenu, mettrait au moins de l'ordre dans cette avide aspiration aux distinctions qui se cache au fond de presque toutes les ambitions démocratiques; il constituerait un but plus haut que la fortune et les honneurs personnels aux vertus civiques; il relèverait dans les familles l'esprit de race et de tradition, cet élément si puissant d'aptitude fonctionnelle, de cohésion et de durée sociales; il constaterait légalement les supériorités anciennes en leur associant sans cesse les supériorités nouvelles; et, s'il avait surtout sa sanction dans une censure qui le purgeât sans pitié des dégénérés et des oisifs, il pourrait être une institution très-utile et peut-être même acceptable pour les plus ombrageux niveleurs.

Mais notre temps, qui peut mieux que jamais cependant se douter de ce que valent les parvenus de Pouvoir, n'en est toutefois pas à ces idées de solidarité et de permanence des races et des temps. Uniquement préoccupé des inconvénients que peut présenter ce mode de hiérarchisation sociale et de ses abus anciens, il en dédaigne les avantages, et préfère restreindre les garanties de la société pour le ministère social à la simple capacité personnelle, si contestable, et que le système contraire est d'ailleurs loin d'exclure. L'extrême mobilité qui en résulte dans les personnes et les choses ne lui semble point fâcheuse; il se plaît, au contraire, à y voir une éclatante preuve de ce progrès incessant qui est bien en effet une loi du monde, et qui ne détruit et ne change que pour renouveler.

N'est-ce qu'une illusion ?... Cette ébullition continue et si favorisée des amours-propres est-elle une fermentation féconde ou le mouvement désordonné de cette fermentation putride qui précède la décomposition? Un état violent peut-il être en même temps un état normal? Le présent peut-il s'élancer utilement vers l'avenir sans prendre son élan du fond du passé?... ou bien sommes-nous à une de ces époques d'orageuse transformation, où toutes les lois analogiques de l'esprit cessent d'être applicables?

Bornons-nous à poser au bout de ces questions très-froides sur cette question si brûlante, un immense point d'interrogation à l'adresse des esprits qui réfléchissent. Cependant, en résumé, ne craignons pas d'affirmer que, dans l'ordre d'une politique vraiment rationnelle, il faut, qu'ils soient classés ou non officiellement, qu'une nation soient administrée par ses notables, et que le chef et le peuple aient assez de bon sens pour désigner ceux qui le sont ou sont dignes de l'être. Car, il n'y a de capacité, d'une part, et de respect de l'autre que par un tel choix; et, sans ces deux conditions, il n'y a plus que désordre et dissolution de la chose publique.

HUITIÈME ÉTUDE.

DES TROIS ORDRES SOCIAUX.

Mais, après avoir étudié la société dans sa constitution purement politique, il importe de l'observer, d'un seul coup d'œil, à un point de vue plus large; et, s'il est résulté de nos Etudes la constatation en elle de ces trois éléments d'autorité dirigeante, de liberté subordonnée et de ministère agissant, ne sera-t-il pas utile de déterminer à cette heure leur mode d'être relatif dans la constitution générale de la société?

Or, c'est là le grand phénomène d'ensemble de la science sociale : la société humaine est triple autant qu'elle est une, et c'est un fait dominateur avant d'être une doctrine raisonnée : elle est en même temps domestique, politique et religieuse; elle s'appelle à la fois Famille, Patrie, Eglise.

La famille est inscrite dans la patrie comme toutes deux le sont dans l'Eglise : la première est le germe social; la seconde, son épanouissement extérieur; la troisième, son activité féconde. Elles constituent ainsi trois ordres sociaux distincts et pourtant concentriques, qui sont nécessaires, de nécessité organique, à la société humaine; et voici pourquoi :

Ces trois ordres, en effet, formant chacun à eux

seuls une société intime distincte, ont par là même en eux les trois éléments précités; mais, la prédominance de ces éléments variant néanmoins aussi en ces trois ordres, il en résulte que chacun, chose admirable ! semble avoir pour mission d'en conserver la notion la plus pure et la plus haute dans la société générale.

Ainsi :

La famille a bien son autorité dirigeante, exprimée par le père ; sa liberté subordonnée, exprimée par la femme ; son ministère agissant, exprimé par les enfants ; mais il est clair pour tout le monde que l'élément prédominant dans la famille, c'est l'autorité. Et c'est là le secret de l'hostilité acharnée des révolutionnaires contre la famille.

La patrie a bien de même, nous l'avons vu, ses trois éléments : son autorité, exprimée par son chef, quel qu'il soit, sa liberté subordonnée, par son peuple proprement dit, et son ministère agissant par ses serviteurs de tout ordre; mais il est non moins clair pour tout le monde que son élément prédominant est la liberté. Et c'est l'explication des vives luttes dont elle est l'éternel théâtre à cet égard.

L'Eglise enfin possède bien aussi son autorité, son chef, son Très-Saint-Père, dans le Pape, et sa liberté subordonnée dans le corps de l'Eglise; mais il est manifeste également que son élément prédominant est son sacerdoce, c'est-à-dire son ministère. Et c'est pour cela que, bien que ce sacerdoce hiérarchique soit en son sein une fonction spéciale, tout chrétien cependant, dans le sens le plus large du service divin, est dit prêtre, et que le chef suprême de l'Eglise a voulu prendre lui-même le nom de *serviteur des serviteurs de Dieu*.

Il y a donc dans la société trois autorités, trois libertés et trois ministères distincts, qui tous ont droit aux mêmes égards et aux mêmes respects; car ils représentent corrélativement les droits également inviolables de la nature, de la loi et de la conscience; car tous se pénètrent réciproquement de la vertu qui leur est propre à chacun, de telle sorte que la société générale s'en trouve, par là même, élevée à sa plus haute puissance d'autorité, de liberté et de ministère.

On voit par là combien sont courtes ou perverses les doctrines de ceux qui résument toute la société dans l'ordre purement politique, et n'admettent par conséquent d'autre autorité que celle de l'Etat, d'autre liberté que celle de l'Etat, d'autre ministère ou service que celui de l'Etat.

Ces théoriciens superficiels ou coupables ne comprennent pas ou ne veulent pas comprendre qu'en s'attaquant à la famille, ils dessèchent la source même de la puissance sociale dans ses plus légitimes mystères, et qu'en s'attaquant à l'Eglise, ils énervent le service social dans son principe de dévouement et de sacrifice le plus sacré.

Un sage législateur, au contraire, saura maintenir ces trois ordres et les considérer comme les dépositaires des trois trésors de la société humaine; car, si l'ordre politique en est l'ordre plus spécialement humain, il est évident que l'ordre domestique (*quod Deus conjunxit*) en est l'ordre plus spécialement divin, et que l'ordre religieux est le trait d'union nécessaire qui rattache indissolublement l'homme et la société humaine à Dieu.

La société domestique en tant que société naturelle, la société religieuse en tant que société surnaturelle, se placent en effet bien au dessus de cette société artificielle et changeante, qui porte le nom de société politique, et dont la mission plus extérieure est de sauvegarder l'une et de protéger l'autre, au lieu de les régir et de les règlementer capricieusement. Car les droits du père dans la famille, comme ceux de l'Eglise sur les âmes, sont primordiaux et inviolables comme la nature même des choses et la liberté même des êtres ; et les lois civiles, au contraire, n'ont de valeur que par la pénétration intime de ces lois éternelles d'unité, d'indissolubilité et d'hérédité dont la famille garde pieusement la tradition, et de celles de dévouement et de sacrifice dont l'Eglise seule a le divin secret.

Sans doute, c'est à la société civile de formuler la légalité strictement obligatoire, et de la faire exécuter par la force qui relève d'elle ; mais, pour que cette légalité soit féconde et durable, pour qu'elle ait par conséquent prise sur les consciences, il faut qu'elle soit écrite et appliquée sous l'inspiration constante de ce double esprit du droit naturel et religieux.

Sans doute encore, c'est à l'Etat qu'incombe, avec la sollicitude de l'ordre matériel, le zèle pour l'ordre moral, et par conséquent pour l'instruction des générations qui en est la base ; mais pour que l'enseignement soit sain, pour qu'il élève les âmes en même temps que les esprits, l'autorité politique devra reconnaître que le père, autorité domestique, est le premier maître et l'instituteur naturel de son enfant, et que l'Eglise, autorité religieuse, est le seul juge qui soit infaillible de l'utilité ou du danger des doctrines enseignées au sein de la société humaine.

Malheur donc au peuple en qui s'éteignent le sentiment de la famille et le respect de l'Eglise! Dépourvus de cette double raison d'être, morale et religieuse, de l'autorité et du devoir dans la société, ses citoyens perdront bientôt l'idée même de patrie, et s'en iront grossir le groupe hostile, l'armée funeste de ces ennemis de tout ordre social, que le langage a de tout temps marqués de ces trois appellations flétrissantes : *dénaturés, révolutionnaires* et *impies!*

Les trois autorités, les trois libertés et les trois ministères doivent donc être toujours distincts dans l'unité.

Cette unité dans la distinction et cette distinction dans l'unité des trois ordres sociaux sont un assez concluant argument en l'honneur du grand dogme chrétien d'un Dieu un en ses trois personnes : société sublime Lui-même des trois types vivants et éternels de l'autorité, de la liberté et du ministère essentiels!

Et c'est pour cela que l'autorité est la substance éternelle, la liberté, la forme éternelle ; et le ministère, la vie éternelle de la société humaine.

Mais, ce disant, nous entrons dans la métaphysique transcendante de la science sociale, que nous avons tenu et tenons à écarter de ces Etudes.

Rentrons donc dans la sphère de ce travail de simple bon sens pour le résumer et en formuler les conclusions.

CONCLUSION.

Nous avons disséqué et analysé le corps social, la famille sociale, la société en un mot, en ses éléments constitutifs ou essentiels; et nous en arrivons à pouvoir affirmer qu'en toute société bien organisée les trois éléments d'autorité, de liberté et de ministère, par nous si souvent signalés, doivent se rencontrer distincts et visibles, et que plus ils seront visibles et distincts, plus ladite société se sera rapprochée de cet idéal d'organisation qu'elle doit tendre à réaliser, et dont la gradation se constate si manifestement dans la constitution des individus eux-mêmes. La distinction des organes dans l'être est, en effet, le signe caractéristique de son élévation dans l'échelle zoologique : la vie physiologique, d'abord indécise dans le polype et confuse dans le zoophyte, s'accuse nettement dans l'animal organisé, et de proche en proche s'épanouit enfin dans l'homme, le plus distingué des êtres vivants.

Il en doit donc être de même dans tout ce qui est humain, car à même nature même loi. Mais il faut non moins rigoureusement que cette distinction soit maintenue dans l'ordre par le lien souple et ferme d'une harmonieuse unité ; il faut, en d'autres termes, que chacun des trois éléments reste sagement dans sa sphère légitime d'action, et n'aspire pas à supprimer les autres ou à les absorber. Et de même que, dans l'individu, les pieds ne sauraient prétendre le faire marcher sur la tête, et le ventre le gouverner ; de même que, dans la famille, le père ne saurait être le subordonné et les enfants les maîtres ; de même, dans l'ordre politique, le peuple proprement dit ne saurait sérieusement prétendre à une souveraineté qui n'existe qu'à la condition d'être abdiquée, et les ministres à un gouvernement dont ils ne sont que les serviteurs. Il n'est pas moins important non plus que, comme la tête ne doit commander que pour le bien du corps et le père que pour celui de la famille, le chef politique ne se préoccupe que de celui de la nation, et se préserve de l'orgueil et des entraînements d'un pouvoir qui est affranchi ou qui s'affranchit de tout frein.

Mais l'homme, avons-nous dit, résiste mal aux séductions du pouvoir absolu.

Cela nous ramène, par conséquent, à la préférence déterminée de cette quatrième forme de gouvernement, que nous considérons comme la plus rapprochée de l'idéal social, parce qu'elle exclut autant l'humiliant *bon plaisir* de la monarchie pure, que l'absolutisme irresponsable des gouvernements purement populaires.

Ce serait le cas de décrire et de caractériser en terminant les prédominances excessives des trois éléments sociaux, si ce n'était depuis longtemps le thème obligé de toutes les élucubrations des gens d'ordre et de désordre faisant mouvoir une plume politique. Représenter, d'une part, le despotisme du chef enivré de brutale domination et de jouissances égoïstes ; de l'autre, l'anarchie emportée des masses, énivrées d'idées incomprises et de grossières appétences ; et, en troisième lieu, le ministère social de tout ordre, toujours aussi près du servilisme que de la trahison : c'est trop facile en vérité ; et le bienfait de l'harmonie de ces trois éléments sociaux se peut assurément comprendre et apprécier sans l'auxiliaire de telles peintures.

Trois mots, du reste, y suffisent : *autocratie*, *démocratie*, *aristocratie*, mots également mal notés dans la vraie science sociale, et qui n'ont de sens sérieux qu'à ce point de vue et dans cet ordre d'idées. Oui, qu'on nous passe une telle façon de parler ! toutes ces *craties* sont malsaines, puisque chacune caractérise une prédominance exclusive et par conséquent abusive de l'un de ces trois éléments sociaux, que représentent le chef, le peuple et les ministres, et dont la triple action coordonnée est nécessaire pour réaliser l'état social complet. Absolutisme d'un seul, de tous ou de quelques uns, c'est toujours l'absolutisme, hélas ! c'est-à-dire l'écrasement de la liberté et de la dignité humaines sous le poids d'une autorité sans retenue, sans contradicteurs légitimes, et d'autant moins responsable quand elle est exercée au nom de tous.

Et cependant, admis le caractère divin de tout pouvoir humain (et nous l'avons établi, je pense), il est incontestable que l'insurrection, bien loin d'être le plus saint des devoirs, est un mal, est un crime, parce qu'elle est une violation de cet ordre providentiel qui préside à la constitution des puissances. L'obéissance aux pouvoirs établis ne doit donc pas seulement être extérieure et apparente, elle doit procéder du fond intime de la conscience et lier les intentions tout autant que les actes extérieurs.

Est-il nécessaire de dire néanmoins qu'il ne peut s'agir ici de ces triomphes momentanés de bandits politiques, contre lesquels toutes les énergies de la légitime défense sont de droit?

Mais si l'homme est ainsi tenu à une pleine soumission, faudra-t-il en conclure qu'il doit se courber servilement devant un Pouvoir, qui s'insurge lui-même contre le Pouvoir de Dieu? Non, mille fois non. Si la résistance active lui est interdite, la résistance passive est alors son droit, ou, pour mieux parler, son devoir. Il doit dire avec les apôtres : *Il est mieux d'obéir à Dieu qu'aux hommes*, et se refuser à l'acte inique exigé de lui, au péril même de sa vie.

Est-il besoin d'ajouter qu'au regard de la simple loi humaine, le citoyen a toujours, comme saint Paul devant le tribun, le droit de réclamer le bénéfice de cette loi, du pouvoir qui tenterait de la violer, et que cette fière revendication serait même moins une résistance qu'une défense de la vraie base de l'ordre social? Cette protestation au nom du droit méconnu contre la force officielle est même la seule énergie qui honore la conscience et qu'autorise la loi de Dieu. Car le Christ, ce divin modèle de l'humanité, n'a point donné l'exemple de l'insurrection, mais du martyre; et si le sang des martyrs religieux est une semence féconde, celui des martyrs du droit social est toujours à la longue le gage du triomphe de ce droit violé!

Qu'on ne désespère donc point de la Société à la vue des excès d'un pouvoir infidèle à sa mission. Le crime, en effet, n'a qu'un temps; le droit seul est éternel : la justice a toujours l'œil ouvert sur la violence humaine; et, dans tous les cas, pas plus dans la société politique que dans la société domestique, ce n'est le désordre qui peut restaurer l'ordre, et l'usurpation, le droit.

Reconnaissons-le encore : ce n'est pas toujours sous le poids de ses fautes ou de ses injustices que le Pouvoir succombe. La catastrophe a souvent d'autres causes; et la nation coupable de cet attentat subit longtemps les horribles contre-coups de ce volontaire ébranlement.

Que devient alors le Droit renversé? Va-t-il s'anéantir comme un fait transitoire? Et ce peuple décapité sera-t-il éternellement condamné à languir dans les hontes et les dangers de l'anarchie?

C'est ici que se révèle la force intime de ce grand agent de Dieu, le Temps, aussi puissant pour rétablir que pour instituer le Droit. Du sein même de cet affreux désordre un Pouvoir de fait surgira, honteux d'abord et contesté, plus tard se purifiant et reniant son origine; le temps alors peu à peu l'enveloppera de son mystère; et, après une lente et souvent périlleuse incubation, l'enfantera définitivement à la vie du droit.

Ainsi, grâce à cette vertu secrète de la durée non contredite, le Pouvoir redeviendra digne du respect des hommes; et la société pourra reprendre avec assurance sa marche interrompue dans la voie de la justice.

Sans doute le Droit pur est imprescriptible, et sa revendication est éternelle; mais, en tant que droit appliqué, il est, comme toutes les choses matérielles, soumis aux règles de la possession; et, si cette possession devient paisible, si la revendication s'éteint, rien alors ne distingue plus le fait du droit : il devient un agent d'ordre, il a conquis le respect; et c'est avec raison en ce sens qu'on a nommé la prescription *la patronne du genre humain*, quoique à un autre point de vue elle soit dite *la preuve des improbes.* Sans elle, en effet, le droit une fois violé eût disparu pour toujours de la société humaine.

Toutefois que la conscience ne se hâte point de s'incliner devant le fait accompli. La durée de la prescription en ces matières n'a point de rapport avec celle des actions et des droits civils; ce n'est pas par années, c'est par siècles qu'il faut compter, car ainsi se comptent les âges des nations; et cette computation se perd par conséquent dans le secret bien souvent impénétrable des conseils divins.

Ainsi le temps crée tout autant qu'il détruit; et, semblable à ces bourreaux masqués qui jadis abattaient les têtes des rois, il n'en est pas moins l'invisible artisan des souverainetés nouvelles; car il faut que la société vive; et le pourrait-elle dignement sans le Droit, qui est la véritable présence réelle de Dieu en son sein si souvent troublé?

Rien n'est beau néanmoins comme le sentiment persistant de la fidélité politique et nationale; et c'est un noble spectacle que celui de ces quelques hommes qui continuent d'honorer le droit ou la patrie vaincus en face de la force victorieuse, et qui souvent même font au droit ou à leur nationalité le grand sacrifice de la vie. Ceci est la vertu politique ou patriotique dans toute sa splendeur; tous les hommes, même les adversaires, en secret l'admirent ; et elle peut peser d'un grand poids dans la balance providentielle des destinées nationales.

Cependant ces nobles protestations, ces courageux efforts ne peuvent éternellement entraver le cours des vicissitudes du Droit dans le monde; et il vient un moment, que nul ne peut préciser, où le temps prononce un arrêt, auquel toute conscience peut acquiescer sans hésitation comme sans déshonneur.

Mais le Droit, n'est-ce que cette décision orale ou écrite, si fragile et si variable, qu'on appelle vulgairement la loi? Gardons-nous de le croire. La loi n'est point simplement une de ces innombrables formules, trop souvent expressives des passions despotiques et des erreurs sociales des Pouvoirs et des Peuples en leurs divers âges. Non, la vraie loi n'existe pas par sa seule rédaction; il faut qu'elle repose en son intime essence sur ces principes de justice et de morale absolues, sans lesquels, dit Bossuet, toute loi est nulle de droit. Le légitime précède le légal: la légitimité (le mot le dit assez : *legis intimum*) n'est-elle pas l'intime de la légalité?

Mais ce qui n'est que légitime n'est pas exécutoire; ce qui n'est que légal n'est pas respectable. A l'un le for intérieur, à l'autre le for extérieur, mais exclusivement. La loi se doit donc compliquer forcément autant de légitimité intime que de légalité extérieure. Si celle-ci est sa forme nécessaire, celle-là ne devra pas moins être sa nécessaire substance; et la loi n'existera vraiment, n'aura vie active et féconde, qu'autant que la légitimité et la légalité se seront unies pour la produire, qu'autant qu'elle procédera de ces deux grands auteurs. Pourquoi donc la légitimité est-elle honnie, raillée et repoussée?... C'est qu'on emploie les mots sans réflexion, et que les passions politiques ne se piquent point de logique dans leur langage.

Enfin, qui fait la loi?... Question dont la réponse serait à remplir un livre, et qui, du reste, importe peu à nos théories; car, quelque variables que soient les modes de sa confection, ils sont toujours acceptés à la longue, et cette acceptation suffit pour concilier à la loi le respect nécessaire.

C'est la forme des gouvernements, du reste, qui en décide; et ce que nous en avons dit plus haut prouve assez bien que la loi la meilleure, la plus expressive du génie et de la civilisation d'un peuple, sera celle qui se produira comme l'œuvre commune de tous ses éléments associés en un harmonieux effort. Déjà nos pères disaient : *Lex fit consensu populi et constitutione regis.* « La loi se fait avec le consentement du peuple et la constitution du roi. » Mais la forme parfaite de gouvernement, c'est-à-dire celle qui réunit en elle tous les avantages de la monarchie, de la république et de l'oligarchie sans leurs inconvénients, cette forme, dis-je, peut faire mieux encore: elle peut réaliser dans la loi l'unanime volonté d'un peuple, délibérant sérieusement, et statuant lui-même, sous la présidence de son chef héréditaire et contradictoirement avec ses grands ministres, sur ses droits les plus justes et ses intérêts les plus chers.

Telles nous semblent être les bases de la constitution des sociétés en général, tels leurs moyens d'union, de cohésion et d'action.

Evidemment l'état social n'est qu'une manière d'être, naturelle autant qu'artificielle, par laquelle l'humanité tend à un but digne de celui qui en est l'agent direct et doit en être le bénéficiaire immédiat, digne surtout de Celui qui en est le principe et la fin.

La gloire de Dieu, en effet, est le but supérieur de la Société humaine. L'homme, en reproduisant et en conciliant dans sa constitution sociale l'autorité, la liberté et le ministère même de Dieu, chante par là même un hymne continu à la gloire de cette ineffable Société divine, dont chaque membre personnifie en elle les trois éléments de toute puissance, de toute hiérarchie et de toute activité sociales ; il réalise, en un mot, ce grand vœu que le Christ adressait pour les hommes à son Père : *Qu'ils soient un comme nous sommes un !* Précieuse unité de la cité des hommes, symbole et prélude de la sainte unité des élus dans la Cité de Dieu !

Mais au dessous de ce but premier, dont la foi place le terme extrême dans le monde des grandes espérances et dont la charité est le mobile moins intéressé, il y a un but plus humble, plus actuel, qui se place dans ce monde changeant et périssable, où Dieu pourtant a voulu que l'homme trouvât en suffisante proportion les satisfactions légitimes de la vie, et en pleine jouissance celles de la dignité de l'être.

Or, ce double bienfait s'obtient par la réalisation de l'*Ordre* dans la *Liberté*. Le premier, en effet, sauvegarde la seconde, comme la seconde ennoblit le premier ; car sans ordre la liberté dégénère en licence, comme sans liberté l'ordre s'exagère en despotisme.

Serait-il besoin maintenant de définir et de déterminer ces deux choses?... Radieuses et saisissantes, ne s'emparent-elles pas de l'intelligence sans l'intermédiaire du raisonnement? Leur seul nom prononcé ne réveille-t-il pas une inexprimable sympathie, qui, mieux que toutes les paroles, atteste leur correspondance essentielle avec le plus intime de notre esprit et de notre âme?

On pourrait donc s'arrêter là.

Toutefois, comme les plus hautes réalités de la métaphysique sociale sont souvent contredites par l'orgueil des hommes d'Etat et des hommes de révolution, il est utile en finissant de réduire à des formules aphoristiques les notions corrélatives de l'ordre et de la liberté, de manière à les défendre des sophistes, comme la force le doit faire des violents.

Pour que l'ordre existe, avons-nous dit, il faut qu'il soit donné; il s'identifie donc avec l'autorité même, dont il procède nécessairement; et par conséquent tout ennemi de l'autorité est son ennemi.

La liberté étant le principe de la distinction des êtres et comme leur sphère réciproque d'activité, c'est-à-dire leur forme propre, il en doit résulter que, pour des êtres finis et inclus dans la matière, elle est essentiellement aussi leur limite réciproque. Or, si la liberté est limite, comment peut-elle être illimitée?

La propriété, n'étant que le complément extérieur de la liberté et comme son ombre portée sur la terre, est nécessairement aussi, généralement parlant, d'ordre privé et individuel. Elle suit par conséquent inévitablement les phases de celle-ci; et il est naturel de voir les sectaires communistes tyranniser les hommes en les spoliant. Toutes les doctrines sociales qui, en matière de propriété, ont pour but de substituer le droit absorbant de l'Etat à ceux de l'individu ou de la libre association, outre qu'elles coupent dans leurs racines et tarissent dans leur source le travail et l'effort de chacun, n'ont-elles pas, en effet, pour résultat incontestable de blesser à mort la liberté, puisqu'elles tendent à remplacer l'ordre moral du libre travailleur par l'ordre brutal d'un troupeau humain, opérant la tête basse sous le sceptre d'un maître? Et quel maître, et quel sceptre, en vérité !...

Il est donc superflu, indigne même d'un fier et généreux esprit de discuter toutes ces vieilles erreurs sociales, thème favori des déclamations de la démocratie qui se dit avancée. Elle a beau se croire telle pour avoir inventé les mots, sonores parce qu'ils sont creux, de *socialisme*, de *collectivité*, de *liquidation sociale*, et tant d'autres de même bruit : ce jargon superbe ne suffit pas à voiler aux esprits sagaces l'inanité des théories sauvages et souvent ridicules qu'il recouvre. Au fond, on ne saurait trop le redire, ce sont moins encore des doctrines que des engins de guerre, imaginés par les mécontents et les déclassés de tout genre pour battre en brèche une société qui a l'irrémissible tort de ne pas vouloir utiliser leur génie et leurs talents méconnus; ce n'est ainsi que la ruine et la mort de ce qui est sans l'édification de ce qui doit être; et l'effroyable expérience qui en a été déjà tant de fois faite par notre pauvre pays n'en donne que trop la preuve.

Les idées soi-disant communales, qu'on a tenté de

superposer de notre temps à ces théories usées, et qui ont pour objet de remplacer les grandes unités nationales par de petites unités fédératives rivales et nécessairement anarchiques, ces idées, dis-je, bien loin encore d'être un progrès, ne sont qu'un pas, et un grand pas, en arrière dans la voie de la civilisation, qu'un petit anachronisme de quelques siècles, qu'un retour, en un mot, à cet état d'enfance sociale où, la puissance unitaire faisant défaut, chaque cité était forcée d'aviser à sa sûreté, conformément au droit naturel de la sécurité commune et de la légitime défense.

Quand un peuple, au contraire, est parvenu à former péniblement son faisceau national, n'est-ce pas une folie de le rompre, sous le vain prétexte que le lien est trop étroitement serré ? N'est-il pas plus simple alors de le relâcher que de le briser ? Et ceux-là sont-ils de bons citoyens, qui aspirent ainsi à démembrer pièce à pièce le corps social ?

Que si l'on ajoute que tous ces utopistes ont pour point de départ la négation et l'outrage du Législateur souverain, du Dieu qui est le principe de toute Société comme de tout être, la raison vivifiante de tout droit comme le juge nécessaire de tout devoir, il ne saurait y avoir de bornes à la pitié et à l'effroi qu'inspirent à tout cœur croyant et honnête des tendances aussi désolantes, d'aussi criminels efforts.

Qu'en adviendra-t-il ?... Dieu a bien dit qu'il se moquerait et se raillerait de ses ennemis et de ceux de son Christ ; mais qu'augurer du sort des sociétés qui les tolèrent, qui les caressent, et souvent même les admettent dans leurs conseils ? Les catastrophes les plus horribles pourront-elles au moins les rappeler au sentiment de leurs destinées faussées et de leur salut compromis? Nous le souhaitons, et nous l'espérons, même contre toute espérance.

Puissent ces quelques idées, produites sous l'inspiration d'un patriotisme aussi ému que dévoué, contribuer à redresser bien des erreurs courantes, et à retirer les esprits du bord de ces abîmes d'anarchie, où le vertige les prend et menace de les entraîner en d'insondables profondeurs!

POST-SCRIPTUM.

A ceux de ses lecteurs que les présentes Etudes auraient intéressés au point de leur inspirer le désir de pénétrer plus avant dans les grands problèmes de la science sociale, l'auteur ose indiquer un de ses précédents ouvrages intitulé : *Des Lois intimes de la Société*, ouvrage dans lequel ils trouveront l'exposé général de cette haute science, aussi peu connue qu'elle est digne de l'être, et les formules en quelque sorte parlantes de toutes les lois que nous nous sommes borné à appliquer dans les pages qu'on vient de lire. Ces lois assurément saisissent l'esprit de tout lecteur sur une simple énonciation, parce qu'elles sont vraies ; mais, pour celui qui ne craint point l'effort de l'attention scientifique, la satisfaction est bien plus grande en face d'une vaste synthèse, qui les réunit toutes en les coordonnant.

A la certitude des choses les esprits élevés et rigoureux ne doivent-ils pas se plaire à ajouter la connaissance approfondie de leur raison d'être et de leur but dernier ?

A. M.

Lyon. — Imprimerie de Félix Girard, grande rue de la Guillotière, 243.

TABLE.

FIN DE LA TABLE.

www.ingramcontent.com/pod-product-compliance
Ingram Content Group UK Ltd.
Pitfield, Milton Keynes, MK11 3LW, UK
UKHW012237240726
13966UKWH00003B/1142